图书馆现代化管理与服务创新研究

朱丹阳 著

吉林大学出版社

长春

图书在版编目(CIP)数据

图书馆现代化管理与服务创新研究 / 朱丹阳著. --
长春：吉林大学出版社，2021.11
ISBN 978-7-5692-9768-3

Ⅰ.①图… Ⅱ.①朱… Ⅲ.①图书馆管理－现代化管理－研究②图书馆服务－研究 Ⅳ.①G251②G252

中国版本图书馆 CIP 数据核字（2021）第 252174 号

书　　名：	图书馆现代化管理与服务创新研究
	TUSHUGUAN XIANDAIHUA GUANLI YU FUWU CHUANGXIN YANJIU
作　　者：	朱丹阳　著
策划编辑：	马宁徽
责任编辑：	田茂生
责任校对：	代红梅
装帧设计：	刘　强
出版发行：	吉林大学出版社
社　　址：	长春市人民大街 4059 号
邮政编码：	130021
发行电话：	0431－89580028/29/21
网　　址：	http://www.jlup.com.cn
电子邮箱：	jldxcbs@sina.com
印　　刷：	长春市中海彩印厂
开　　本：	787 mm×1092 mm　1/16
印　　张：	9.75
字　　数：	140 千字
版　　次：	2022 年 5 月第 1 版
印　　次：	2022 年 5 月第 1 次
书　　号：	ISBN 978-7-5692-9768-3
定　　价：	39.00 元

版权所有　翻印必究

前　言

如今,以网络化为前提的现代信息技术的发展给图书馆带来了空前的机遇和挑战。图书馆的服务环境、资源类型、用户群体等都发生了比较明显的变化,人们获取知识和信息的途径越来越便捷多样。在这样的时代背景下,如果图书馆继续沿用传统的服务理念和管理方式,势必导致读者的大量流失,不仅影响了图书馆的服务功能,也弱化了图书馆存在的社会意义。由此可见,作为信息行业重要组成部分的图书馆,信息化环境对其文献信息工作提出了新的要求,可以说,在现代社会中,拥有信息量的多少是一个图书馆在社会中重要程度的体现。这也迫使图书馆必须由传统的服务与管理模式转化为依托于信息化环境的先进的现代服务与管理模式。

因此,在信息化社会中,图书馆在继续加强馆藏资源建设、完善服务设施的基础上,如何利用现代信息技术,不断以先进的科技手段和管理思想为依托,开展信息化服务,提升图书馆的管理与服务质量,是我们亟须解决的问题。

本书从图书馆管理与服务的基本内容入手;分析了"互联网+"时代给图书馆带来的挑战并提出了相应的应对策略;并对现代数字化技术在图书馆的应用与实践进行了论述;然后较为具体、详细地探讨了图书馆信息服务与管理的优化创新策略;文章最后对图书馆的未来发展做了一系列科学展望。

全书内容完整、结构简单、语言严谨,具有时代性、科学性、实用性等特点,适用于从事高校图书馆管理和研究工作的相关人员,旨在为促进高校图书馆的现代化建设和未来发展贡献一己之力。

由于作者能力所限,本书在编写过程中借鉴和参考了一些专家和学者的研究成果,如有错漏之处,恳请批评指正。

作者
2021 年 10 月

目 录

第一章 图书馆管理与服务概述 …………………… 1
  第一节 图书馆管理的基本要素 …………………… 1
  第二节 图书馆服务的主要内容 …………………… 12

第二章 "互联网+"时代的图书馆 …………………… 31
  第一节 "互联网+"对图书馆及其管理的影响 ………… 31
  第二节 "互联网+"对图书馆提出的挑战及其应对策略
    ………………………………………………… 41

第三章 图书馆数字化管理系统建设 ………………… 58
  第一节 数字图书馆信息服务模式 ………………… 59
  第二节 数字图书馆的发展 ………………………… 64

第四章 图书馆信息服务与管理的优化创新 ………… 76
  第一节 图书馆信息服务简述 ……………………… 76
  第二节 图书馆信息服务创新体系构建 …………… 88
  第三节 图书馆信息管理系统与服务环境的优化发展 …… 98
  第四节 图书馆信息服务平台建设 ………………… 108

第五章 图书馆未来发展展望 …………………… 116
第一节 现代高校图书馆的发展方向 …………… 116
第二节 进一步加强图书馆的信息建设与管理 …… 121
第三节 全面推进图书馆个性化信息服务 ………… 128
第四节 图书馆人才队伍的建设与发展 …………… 141

参考文献 ………………………………………………… 146

第一章　图书馆管理与服务概述

图书馆是搜集、整理、收藏图书资料,以供人们阅读、参考的公共机构,是由馆舍、文献和人员共同构成的综合体。近年来,随着各项技术不断得到突破,经济的运行也更加快速,在这种背景下,图书馆的管理与服务功能也应有所改进以便满足人们对文化日益增长的需求,因此,图书馆在管理实践与服务体系建设上就应加强重视,不断提升自身水平。那么,我们在进行图书馆管理与服务创新研究之前首先应该正确认识图书馆管理与服务的基本知识。

第一节　图书馆管理的基本要素

一、图书馆管理的内容

从图书馆管理的概念来看,图书馆指的是对馆内人、财、物以及时间和资源等进行有效的管理,所以,图书馆管理的内容主要包括的是作为主要管理对象的人、财、物以及时间和资源等。

(一)人员管理

人员管理是为了对图书馆工作人员的行为进行更适当的规范和

约束,以便图书馆功能得到有效的发挥,同时为读者提供更好的服务质量。人员管理始终要以人为本,在人本思想指导下,使图书馆工作人员的能动性充分调动起来,并进一步强化其服务意识,进而塑造图书馆背景文化及人文精神。除此之外,人员管理还包括培养并提高馆内工作人员的综合素质和专业技能。工作人员在经过系统和专业的培训之后,其综合能力更加适应时代要求,进而为图书馆的不断发展奠定更加坚实的基础。同时,完善的管理机制是人员管理能够稳步实施的有效保证,因此,建立公平、公正的竞争机制,并兼顾物质与精神相结合的激励政策,可以使工作人员的积极性充分调动起来。

(二)经费管理

经费决定了图书馆人和物的开发,是图书馆建设和发展的决定性条件。因此,加强对经费的管理是图书馆实现可持续发展的有力保障。经费管理简单来说就是如何安排和使用资金。合理有效的经费管理是在国家财政政策和法规的约束下,通过运用现代财务管理理论,对现有资金进行合理的计划和分配以及对经费使用情况的监督,进而保证合理有效地使用资金。图书馆的经费管理主要建立在馆际合作上,通过资源共享的方式可有效避免资源的重复浪费,这一举措可以使有限的资金得到最大限度的利用,在节约的同时还有利于图书馆社会效益的发挥。而作为以教学和科研为主的高校图书馆,其经费来源主要是国家政府财政拨款,但是随着市场经济的多元化发展,其来源渠道也越来越呈现多元化。

(三)设备管理

设备管理是图书馆资源管理不可缺少的组成部分。一般情况下,设备主要包括硬件和软件两部分。早期的图书馆设施简单,主要设备大多是书架和桌椅;近年来,随着经济的发展,社会的进步,图书馆设备也日益更新,逐渐加入了很多现代化设施,如计算机、网络设备、音频、视频设备,打印、复印设备等,这些都是现代化图书管理中与读者服务有着密切关系的设施。并且,设备管理水平对图书馆工作的稳步运行也会有直接的影响,因此,加强对设备的管理也是图书馆管理中的一项重要内容。在图书馆设备管理过程中,既要保证物尽其用,同时又要注意设备的维护和保养,以免产生不必要的资源浪费。设备管理工作是贯穿在设备采购、配置、保管、使用、维护、修理等各个环节的一个系统性的工作。这需要管理人员在采购设备之前按照需求制订好完整合理的采购规划,并在设备采购回来之后落实设备的验收、安装和使用,避免设备闲置。同时,在保管、使用维护和修理设备时,要掌握要领,严格按照规程操作,并及时做好记录,做到设备管理的科学化、规范化。

(四)馆藏管理

馆藏资源既是图书馆服务的前提,也是图书馆发展的灵魂,对馆藏资源的建设与管理是图书馆的核心工作。图书馆馆藏是对其所收集文献的总和,其内容也较为丰富,主要包括图书馆传统的纸质图书文献、信息情报资源、电子出版物、馆际之间可共享文献资源以及经过下载、建库的网络文献信息资源,是经过馆员采集、加工、整理后形成的规模化、有序化的资源体系。馆藏管理主要是为了防止文献资源的损失,进一步保障馆内资源的完整性,对此就需要定期清点和维护馆藏资源并查漏补缺,还要对有损文献进行修复。并且在实际的整理过程中,具体到不同的载体,需要有针对性地选择不同的管理模式。

馆藏资源大多以纸质图书文献为主,对其管理主要以满足读者需要为重点考量,尽可能多地采集读者的需求信息对于馆藏资源管理来说非常重要。除此之外,图书采购也需要得到重视,为保证藏书的质量,应对图书采购人员加强素质培养;另外,对于借还、赔偿等相关制度也要合理制定,严格把控,以期提高纸质资源利用的效率。

对于馆藏电子文献资源的管理,首先,由于馆际合作资源共享的需要对网站的管理提出了更高的要求,因此要加强图书馆网站的管理,以保证资源共享通畅;其次,由于大量的最新的学术信息大多会在网上发布,因此要对这些信息密切关注,及时处理和更新有关信息,以便读者能够获取到最新的文献资料;最后,由于各种电子资源不断积累,因此在专业数据库的建设和管理方面应注重加强,及时优化阅检程序,方便读者查找相应信息。

(五)时间管理

时间是管理系统的一大构成元素,有效的时间管理是提升管理效率的一种关键路径。就图书馆而言,要做好时间管理,就必须合理利用并安排时间,在规定时间内提升图书馆工作效率,向读者提供相应的服务,使读者可以在最短时间内获得更多的信息,从而有利于提高信息利用以及信息转化的有效性。

随着信息技术的高速发展,图书馆服务不再受限于空间、时间,同时有更多选择时间的空间。在进行时间管理时,首先图书馆必须坚持人性化原则,结合读者的实际需求确定开馆时间。其次,要合理安排工作时间,结合图书馆的实际状况,利用现有的领先设备的优势,科学分配各个部门的工作时间,结合读者规律对各部门的工作时间进行优化调整。再者,要做好图书借阅时间的管理工作,明晰相关章程,并贯彻落实至实处。最后,要做好馆员的工作效率的管理工作,采取教育、启发引导、奖惩等办法,提升工作效率。

(六)环境管理

环境是人类得以长期生存并发展的必要条件,而图书馆环境是图书馆存在及发展的基础。众所周知,图书馆肩负着传递文化和知识的重担,是人类传承精神文明以及领先技术的关键场合,是充分彰显竞争力的重要载体,同时又是读者提升个人专业能力、进行自主学习的第二课堂。所以,要想促进图书馆发展,就必须强化力度进行图书馆建设,特别是对图书馆环境进行管理和建设。具体而言,图书馆环境有内部环境和外部环境之分。其中,内部环境包括图书馆的人工环境和人文环境;外部环境则包括文化环境、技术环境、政治环境、自然环境以及经济环境等。实际上,要管理图书馆环境,就必须对各个环节之间的相互关联进行优化调整,以便于更好地促进图书馆发展。在进行经济、政治、文化环境的管理时,应当以国家各项方针政策为核心,真正地推动两个文明建设的进程,给图书馆发展营造优质的文化环境以及物质环境;而自然环境的管理其实就是管理图书馆附近环境及其选址,优先选定娴静的场地,强化力度开展绿化管理工作,改善图书馆的面貌;技术环境的管理是基于网络环境下,要强化力度优化网络,做好网络安全管理工作;人工环境管理的对象是馆内布局、设计与环境卫生,给读者创设闲适的、恬静的环境;图书馆内部人文环境的管理指的是通过管理图书馆的文化氛围,提升图书馆的文化气息。

(七)知识管理

图书馆是一种管理庞大信息的机构,对知识的管理其实就是以知识为对象进行管理;深层次的知识管理是在知识的管理基础上管理其他有关资源,其隶属组织知识管理范围。这就要求一方面要管理收集、加工、存储、传递知识的过程,另一方面要管理与工作内容有关的知识以及进行组织管理时遇到的相关知识,旨在迎合用户需要,提升图书馆管理效率。近些年来,我国信息技术实现了跨越式发展,图书馆知识管理过程中应打造隐性知识和显性知识的互动平台,进行有效利用和开发。在全面收集许多信息资源以后,加以甄选、序化与评价,推动知识创新和共享。所以,图书馆应不断优化更新知识环境与信息管理技术,力争向读者提供高效、优质、周到的知识信息服务。

（八）服务管理

图书馆工作的中心是为读者提供服务，所以图书馆管理过程中包括服务管理这一项重要内容。服务管理是通过优化各类服务要素的方式提升服务管理成效以及服务管理水平。近些年来，我国科技发展迅速，社会发展飞快，导致传统的图书馆服务模式受到巨大冲击。为了使服务的功能得到充分发挥，图书馆必须强化力度进行服务管理，从服务方式、服务理念以及服务手段等处入手实施创新，坚定不移地以读者第一的理念为指引，为达到优质服务的目的，使服务资源物尽其用，应运用现代化方式和技术，编制合理的、完善的服务管理战略，从两个文明入手提升馆员的素质与文化水平，强化力度对其进行思想建设。此外，要以服务效果的反馈结果为依据调整自身的工作策略，以期可以有效改善图书馆服务质量。

二、图书馆管理的特点

（一）总合性

站在空间的角度上看，图书馆管理的总合性贯穿整个图书馆活动，其体现在图书馆活动的各个领域与方面。只要有图书馆活动的地方，就需要进行图书馆管理。站在时间的角度上看，其与图书馆共存。由于图书馆的形态或许会出现改变，传统的纸质图书馆或许在慢慢变慢，所以让数字图书馆、虚拟图书馆、网络图书馆以及电子图书馆重新进行刻画。在图书馆活动存在的情况下，无论其采取何种形式，均与管理存在密切联系。

（二）依附性

任何图书馆管理都必须依附于一定的图书馆业务工作，它全部实际产生的内容和具体形式离开了其他的业务活动就不能单独存在,图书馆管理始终是对某种业务活动(文献采选、分类编目、书刊借阅、参考咨询、文献检索、情报研究等)进行管理。图书馆管理的这种依附性主要表现在:图书馆管理的目标必须依托于具体的业务活动才能实现,图书馆管理的过程总是伴随着其他业务活动的进行而展开,图书馆管理的结果则总是融合在其他业务活动的成果之中。

(三)协调性

协调性指的是改造并调节各类管理对象之间的关系,令其可以相互适应,立足于事物固有的规律在整体上处于最佳功能状态。通过对图书馆管理和其他业务活动的分析发现,二者存在显著差异。

第一,站在活动对象的角度上看,一般业务活动始终都把某一特定的具体事物当成对象,比如分编工作的对象是图书馆采购到的新文献,咨询工作对象主要是读者等。

第二,站在活动任务的角度上看,普通的业务活动事先都设置了特定任务,其要么就是为了使文献的形式特点发生变化,要么是为了将馆内读者所需文献购回,要么就是为了向读者传递其所需的文献,要么是组织读者接受信息检索技能培训,要么就是向读者解答其所咨询的具体的问题等。图书馆管理主要是为了使人与人之间的利益与关系、人们活动的过程与状态得以协调发展。

(四)组织性

图书馆管理的组织性包括两方面:其一,图书馆管理活动往往要通过公共图书馆、学校图书馆等组织进行,此类组织其实是依靠开展管理活动的人组建起来的一个有序结构。而组织是管理的主体,不论是哪家图书馆管理,其均需依靠特定的图书馆来实施管理。但组织同时也是管理的客体,由于图书馆管理均属于对一定组织的管理,个体如果孤立,不再附属于一定组织,那么就谈不上图书馆管理了。其二,图书馆管理活动属于组织活动,这类活动可以把分散的资源组合起来,逐步建立起一个区域平稳的、可结合客观环境的实际改变而优化调整的社会与物质双重结构的过程。

(五)变革性

从根本上看,管理是一项改革活动,通过管理,人们可以得到真正意义上的自由。变革是管理的特征,实际上的管理是持续的、飞快的、根本性的改革,这其中也包括了图书馆管理。通过对现象进行分析后发现,图书馆管理存在相对保守的一面,其可以使图书馆系统长期处于相对稳定的状态,应使用一定的规章制度以及行为准则对图书馆的成员形成约束。然而,束缚性以及保守性仅仅为让个人得到真正意义上的自由、图书馆实现可持续发展的一种方式,所以是相对的、临时性的。实际上,这种稳定状态较为特殊,因为图书馆系统内的财、物、人、信息等多种要素在持续发生改变,图书馆系统外部的文化环境和经济环境等均在持续发生改变。

(六)科学性

图书馆管理具有动态特征,然而这不代表图书馆管理缺乏可遵循的规律。一般而言,图书馆管理包括非程序性活动与程序性活动两种,其中,前者表示的是无规律可循,要一边运作一边对管理活动进行探讨;后者指的是有规律可以遵循,只需要一如既往地保证运行的通畅度,就能够获取到相对满意的管理效果。比如,制定行政管理的各种规章制度、出台读者服务工作过程中的规章制度、出台后勤管理的相关规章制度。

三、图书馆管理的原则

(一) 实事求是原则

图书馆在开展工作的过程中要坚持实事求是的原则,这将是图书馆开展一切工作的出发点和落脚点。图书馆管理要想在21世纪有新的发展,就需要在工作中尊重事实,一切工作都必须从实际出发,既不能一味地强调创新而忽略客观实际,也不能闭门造车。而是要将图书馆的管理工作同人类的发展、时代的发展、国家的发展结合起来,只有这样才能使管理符合人的发展需求,才能在工作中找到新的突破点。

(二) 开放式管理原则

21世纪,图书馆面临着越来越严峻的挑战。随着社会的发展,人们对信息需求的时效性、便捷性要求更高,传统的图书馆已难以满足读者的需求。在此背景下,现代图书馆的观念发生了明显的转变,突破了传统观念的束缚。传统的图书馆注重收藏,轻视利用,而现代图书馆注重收藏和利用相结合;传统图书馆主要为封闭式的图书馆,对指定的人群进行开放,现代图书馆逐渐向开放式转变,向越来越多的人开放;传统的图书馆管理方式比较落后,现代图书馆开始利用新技术、新手段实现自动化管理。这种观念的变化与新时期社会政治、经济、文化的发展相适应,满足科教、文化各项事业的现实需要。

(三) 科学决策原则

基于大数据高速发展的大环境下,依靠若干个领导的知识能力使各类繁杂程度较高的问题得到妥善的处理是一些图书馆经常采取的方式，殊不知这很容易出现决策方面的错误。为此，图书馆必须不断优化过去的决策方式，在做出决策时，图书馆应充分利用各项先进的信息技术，在这些中择出各种非结构化数据，有序化加工处理掌握到的情报信息。同时，要打造一支高精尖团队，促进其优化创新，广泛征求其意见与建议，如此既有利于提升图书馆管理的效率，又能降低由于考虑范围小、不够细致引起失误的可能性。再者，为有效确保决策合理，在制定决策时应依据其他图书馆或者前人经验做出决策，努力从他者的缺点中进行反思，汲取别人的长处。

（四）以人为本的原则

无论社会发展状况如何，图书馆必须坚定不移地遵循以读者为中心、以人为本的服务理念，特别是馆员必须树立人性化服务理念，提高自身的服务意识。众所周知，在图书馆读者服务中馆员发挥着十分重要的作用，馆员的行为、态度以及素质都会对读者服务的质量产生显著影响，所以图书馆馆员必须强化自身的创新服务意识，在管理图书馆时要爱护读者，给读者以充分尊重，着重迎合读者的阅读需求，和读者建立良好关系，变被动服务为主动服务。同时，要与时俱进，追上时代发展的脚步，积极转变服务理念，搞清楚读者需求及其具体改变，对相关服务内容进行优化创新，积极地服务于读者。特别是在开展工作的过程中提升个人的技能水平与素质水平，分类规整馆藏资源，为后续查找创造便利条件。此外，要全面了解工作业务和规程，对不同需求与读者，应积极地向其提供其所需要的文献资料，积极发挥个人的主观能动性。

（五）保证图书资源质量原则

丰富的馆藏资源是图书馆长久生存的条件，也是图书馆向读者提供服务的对象。近些年来,我国电子储存技术以及互联网技术取得了重大发展,并得到了大范围的运用,图书馆的馆藏资源形式出现了明显改变,已不再如同过去般知识单一的图书与纸质文献资料,而是图书信息资源库,图书馆的馆藏资源越来越多元化。这大大缩短了读者获取信息所消耗的时间,然而也由此产生了一些问题,比如检索方法比较复杂、资料重复等。因为各种文献资料需依靠的技术环境存在差异,所以图书馆必须结合自身特征不断优化整合图书馆馆藏资源,提高对信息资源的利用率,给用户创设优质的研究环境与学习环境,以便更好地服务于用户。同时,资源配置要征求学科带头人的意见与看法,结合学校的研究方向、学科建设情况进行资源的优化,将在学校学科建设中高校图书馆的作用充分发挥出来。此外,要了解读者的图书需求情况,设计与之对应的文献资源购置方案,以改善图书馆服务质量,提高其服务水平。

(六)开源节流原则

在很长的一段时间中,我国图书馆在内容建设方面遇到了资金难题,直接造成各项建设的软件升级、人员培训、硬件投入、系统维护等工作不能正常开展,图书馆的现代化运行以及建设受到巨大影响。因此,在建设图书馆的过程中,图书馆领导应当从软件与设备维护、设计、升级等为入手点做好经费保障工作,尽量迎合各项建设对资金的需求。此外,要不断拓展资金来源渠道,提交社会科学基金或者专项经费的申请,以获得更多支持。坚持节流与开源并举的行为准则,尽可能用最少的钱办最多的事。

第二节 图书馆服务的主要内容

一、图书馆服务理念

(一) 图书馆服务理念的概念

图书馆服务理念对图书馆的管理工作至关重要,主要涉及服务对象和服务方法的问题,是图书馆的一种自我认知与定位。我国图书馆经过几十年的发展,其服务形式也在发生着重要变化,由封闭到开放、由局部到整体、由实体到网络、由被动到主动。此外,图书馆的具体服务内容与服务方法也随着社会发展的需要不断与时俱进,而图书馆服务理念也在潜移默化地变化着。今天,我们所理解的图书馆服务理念包括多个方面,一是文献信息服务是图书馆的基本产品,二是读者和用户是图书馆的直接顾客,三是不断满足读者和用户明确的或潜在的知识信息需求是图书馆改革和发展的落脚点。

现代图书馆服务理念的确立应建立在现实需要的前提下,以满足不断变化的社会环境与人类需求。不得不说,图书馆服务理念决定着图书馆服务工作的方向。图书馆服务理念的形成不是一朝一夕的,而是在长期服务实践中总结出来的。它彰显着图书馆的整体工作思想,同时也体现着图书馆工作的服务准则、服务态度和服务手段;它一方面真实地反映出图书馆服务工作多年来的发展趋势,另一方面又为图书馆的未来发展方向打下了坚实的理论基础,又是图书馆的服务工作的指明灯。

(二)我国图书馆服务理念的特点

1. 体现人本服务

人本服务理念强调以人为本,是现代社会各行各业都应遵循的一种核心服务观念,图书馆服务工作也应当始终坚持人本服务理念。具体来说,就是要更加倾向于关注用户的心理需求,然后根据心理需求的不断变化来调整服务手段。图书馆与其他社会企业有着本质上的区别,因为它是具有公益性质的服务型机构,不必参与激烈的市场竞争。但这并不意味着图书馆就没有必要坚持人本服务了,为了更好地发挥图书馆的职能,体现图书馆的文化优势,图书馆也必须坚持人本服务,才能抓住读者的心理需求,吸引更多大众积极利用图书资源,从而提升图书馆服务工作的质量。

坚持人本服务的理念,第一要从读者的需求出发,建立与之相符的馆藏体系;第二,图书馆应根据读者需求为其提供良好的阅读环境与服务环境;第三,图书馆还应进一步优化服务质量,不断对自身的服务品质进行有计划、有目的的提升,以满足更多读者的需求。

2. 体现特色服务

特色简言之就是一种事物与众不同的风格与形式,而这种独特的风格、形式又与事物本身性质或实际环境因素有很大关系。众所周知,图书馆是公益性的服务机构,没有经济收入,这就决定了图书馆不可能用有限的政府拨款来满足所有用户的需求。因此,只有借助极具吸引力的特色服务来推进图书馆服务体系的建立。

图书馆特色服务理念的建立是一个循序渐进的过程,不是一蹴而就的,要注意几点。一是选择服务对象时切不可盲目地全盘发展,要以现有馆藏资源为基础;二是确定服务内容时要根据用户的实际需求,在保留现有优势的前提下,进一步扩大服务项目;三是转变服务方式时要选择受用户欢迎的形式,始终坚持读者需求为大。

3. 体现馆际服务的协作

现代科学技术的发展,不断引领着人类探索未知的领域,人们对知识的渴求越来越强烈。图书馆作为人们获取知识的重要途径,虽然一直在努力丰富自己的信息储备量,但没有哪一所图书馆能够保证对所有学科知识兼容并包。因此,发展馆际协作成为未来图书馆发展的必然趋势。第一,我国的图书馆几乎没有个人建设的,基本都是由政府或学校投资建立的,这样比较好管理,使馆际协作成为可能;第二,相信每一位从事图书馆相关工作的人都有实现文献信息资源共享的愿望,而通过有效的馆际协作能很好地扩大信息资源的交流平台和传播范围,实现信息与资源共享;第三,计算机技术的迅猛发展,使网络覆盖面几乎延伸至全世界每一个角落,这为实现图书馆馆际协作提供了强有力的技术支撑。

4. 信息服务的无障碍化

信息服务的无障碍化概括来说,就是任何人都平等拥有享受图书馆服务的权利,不受自身外在条件的限制;而且相关部门要尽量保证一些弱势群体也能够平等地享受到图书馆提供的各种服务。但从目前的实际情况来看,并未能实现真正的信息服务无障碍化。因此,图书馆未来的发展重点之一应该倾向于实现信息服务的无障碍化,尤其是在特殊人群服务上要特别给予关注,旨在最大限度地实现所有社会群体能够公平获取知识信息资源。

(三)现代图书馆服务的原则

1. 开放性服务原则

图书馆的开放性服务原则也是与时俱进的,今天的开放性服务不仅仅是在形式上对公众的对外开放,而是要有更深层次的内容。首先是图书资源的全面开放。这种开放是指毫无保留地将图书馆中所有文献、信息资源、设备等均向全体用户开放,所有馆内工作人员都是为用户服务的;其次是图书馆实时开放。虽然我国目前很少见图书馆能够24小时昼夜开放,但是网络服务完全可以实现全天候的文献检索、浏览、下载等服务,这就大大地方便了广大用户随时随地在线查阅资料的需求;最后是馆务信息的公开化,除了文献信息,还有图书馆自身的馆务信息,凡是用户需要了解的对其有帮助的所有信息,都应该毫无保留地向读者群体公开。

2. 全面性服务原则

图书馆的全面性服务原则,是从现有用户和潜在用户两方面来说的。首先是对现有用户方面,争取使其能够在馆藏资源、馆内设施、人员服务等各方面均得到满意服务;其次是对潜在用户需求的开发与服务,图书馆要经常组织针对潜在用户的调研活动,并结合调研结果,有针对性地开发和完善新的项目,进而吸引更多的受众群体加入图书馆的固定用户中来。

3. 便利原则

便利原则,通俗来讲就是说图书馆要尽可能地为用户提供方便,为用户节约时间和精力,保证服务的质量和成果。比如,图书馆要建在交通便利的地方,以节省用户往返图书馆的时间;图书馆的文献资源检索方式要方便快捷,保证馆藏资源利用的效率;还要精简服务过程的程序,争取简单高效。

4. 满意原则

图书馆一切工作的最终目的,不外乎让用户满意。因此,就要不断转变自身的服务方式,建立科学、高效的服务体系,提升服务人员综合素质,并最终满足用户各方面需求。

二、图书馆服务用户

(一)图书馆读者与用户的界定

1. 图书馆读者

要衡量一个人是否是图书馆的读者,有两点要素:一是看其是否利用了图书馆文献资源;二是是否有进行阅读的能力,这两点同时满足才能够被称为"读者"。由此可将图书馆读者界定为运用图书馆供应的文献资源进行阅读,并且具有一定阅读能力的社会成员,可能是个人、组织、团体或者单位等。

我们还可以将图书馆读者理解为根据图书馆提供的服务获取文献、知识和信息的用户。前面我们已经介绍过,图书馆读者包括现有注册用户和尚未注册的潜在用户。图书馆要重点开发潜在读者,因为他们是图书馆现实读者的后备力量。

在图书馆服务过程中,要重点服务已有读者,并根据读者的阅读规律以及文献资源使用规律,努力开发潜在读者,争取将其转变为现实读者,进一步扩大图书馆的服务范围和社会价值。

2. 图书馆用户

随着现代信息技术与互联网的迅猛发展,图书馆不再拘泥于传统的实体化形式,逐渐向实体与虚拟相结合的复合形式靠拢,其用户群体也在不断扩大。

与此同时,图书馆的服务范围也在不断扩大,不仅仅是单纯提供阅读资源,而是上升为满足社会成员的精神文化需求,以及休闲娱乐需求,力争为广大社会成员搭建互相交流与学习的平台及营造浓郁的文化氛围。

(二)图书馆用户类型

图书馆的用户来自社会各个阶层,有着不同的知识储备和社会经历,其独有的内在特征决定了他们各自不同的文化需求。

1. 按用户规模划分

(1)个人用户

现代图书馆中的大部分服务对象都是个人用户,他们一般是基于个人需求,选择图书馆内的现有文献信息资源进行阅读参考。个体用户包含的具体社会成分很丰富,他们来自社会生活中的各行各业,比如学生、教师、公务员、农民、军人等均属于个人用户。

(2)集体用户

集体用户是指来自同一组织或团体的读者。集体用户有一个显著特点——其内部成员有着相同或相似的图书资源利用需求。他们可能是同学或者同事,抑或某个组织内的共同成员,他们可以通过自行组成借阅组、科研组、专题写作组等形式在规定的时间内查询、借阅所需的文献资料或其他知识资源。图书馆对集体用户的服务与管理方式与个人用户有很大区别。

(3)单位用户

单位用户是指以固定的机构形式使用图书馆资源的群体用户。单位用户可以分为三类,一是图书馆的分支机构,例如街道图书馆、社区图书馆、企事业单位的资料室等;二是与图书馆建立了伙伴关系的图书馆;三是固定机构的群体用户。固定机构可以与图书馆建立起某一期间内的借阅和资源共享关系,在共享关系存续期间,该机构所属个人或部门可以充分利用图书馆现有资源。

2. 按用户年龄划分

(1)少儿用户

少儿用户主要是指年龄不超过15岁的少年儿童群体,他们有着鲜明的群体特征——求知欲旺盛,活动能力较强。可以肯定的是他们基本上都对阅读充满兴趣,但又缺乏足够的耐性,受主客观因素的影响均较大,不能保证足够的阅读时间,自然就无法实现高效率。鉴于此,图书馆应抓住少儿用户的这一特点,要明白兴趣是学习的最大动力,应为其提供兼具趣味性与知识性的阅读资源,使他们能够静下心来培养自己的阅读习惯和学习观念,以实现拓展自己课外知识的目标。

(2)青年用户

青年用户的主力军就是在校大学生和刚步入工作岗位或处于就业前期的年轻群体。这一类群体正是年轻有朝气的时候,心理与生理日趋成熟,正处于由学校到社会的转型时期,他们迫切需要褪去学生的青涩,成为一名合格的社会工作者。针对这一群体的需求,图书馆要及时更新自己的图书、文献资源库,争取与时代的步伐保持一致,才能为青年用户提供当下最顶尖的文化成果,帮助他们提升自己的实践能力,成功步入社会。

(3)中年用户

中年用户一直都是图书馆服务的一个主流群体,这一群体最大的特点就是群体成员来自各行各业,他们基本已经具备了丰富的行业知识和工作经验,且收入稳定,他们希望图书馆能够提供与其所从事的工作或相关行业有关的高层次学习资源,帮助其提升业务能力,拓展发展空间。因此,图书馆应注重提升服务质量,做到按需供应。

(4)老年用户

老年用户主要是一些离退休人员,这类群体的阅读目的基本是为了丰富自身的业余生活,他们对图书资源基本上没有特定的需求。图书馆在服务过程中,最重要的就是抓住老年人的身体和心理特点,多些耐心和热心,使他们找到内心的满足感。

3. 按用户资源需求划分

(1) 盲目型用户

盲目型用户,顾名思义,他们基本上没有什么自身的目的性,可能是随大流,可能是"道听途说",总之就是比较被动地、从众地去泛泛地选择阅读书目。他们没有强烈的目的性,因为根本不清楚自己到底需要什么。对于这类用户,图书馆很难实现根据用户需求提供相应的指导或服务。

(2) 实用型用户

实用型用户与盲目型用户截然相反,他们选择阅读资源时有明确的目的性,基本都是为了满足自身求学、求知的需求,他们对专业类的教辅书籍、期刊等比较感兴趣,图书馆应尽量做到按需供给。

(3) 拓知型用户

拓知型用户比较接近上面说到的实用型用户,都比较注重知识的实用性,只是拓知型用户更加倾向于拓宽已有的知识层面,不断丰富自身的知识体系,从而使自己的工作或事业有突破性进展。所以,他们的阅读内容专业性较强,而涉及的范围也比较宽泛,比如艺术类、体育类、手工类,甚至天文地理等内容都可能会列在其中。

(4) 钻研型用户

钻研型用户是比较高端的用户,他们是在实用型和拓知型用户的基础上发展起来的,有着更高的发展要求。这类用户一般从事研究性工作,且专业性较强,他们对相关领域的最新研究理论和研发成果有较大需求,图书馆应尽量提供载有最新行业动态和科研成果的文献资源。

三、图书馆服务资源

(一) 图书馆资源的构成

我们一般将图书馆服务资源分为信息资源、人力资源和设施资源。

(1) 信息资源是图书馆的核心所在,它主要包括图书馆内提供使用的全部信息,具体分为馆藏文献信息资源、网络信息资源,也包括可共享的其他单位的馆藏文献信息资源。可以说,信息资源的数量和质量是图书馆得以生存和发展的前提和基础。

(2) 人力资源是所有事业发展的关键因素,图书馆事业要想不断提高服务质量也必须重视人力资源的贮备和发展情况。广义的图书馆的人力资源构成包括从事图书馆相关工作的各类人员以及由人制定出的管理方法。具体可分为图书馆的工作人员以及所有用户资源。

(3) 设施资源通常被狭义地理解为设备资源。其实二者是一个包含与被包含的关系,因为设施资源的范围比设备资源更广。它包括图书馆馆舍、图书馆设备和图书馆用品等除了文献信息资源以外的一切物质资源。可以说,设施资源是图书馆的物质基础,特别是随着现代信息技术设备的普及应用,图书馆的设施资源已经严重影响着图书馆的未来发展状况与趋势,因此,越来越受到馆方重视。

(二) 图书馆资源的特性

1. 可用性

图书馆的所有信息资源其存在的最大价值就是能够满足用户的信息需求,因此,图书馆资源的主要特征就是可用性,也只有较高的可用性,才能够保证图书馆资源的充分利用及图书馆自身的未来发展。

2. 有序性

有序性是图书馆资源必须具备的一个特性,这里的有序性不单单指信息资源的有序性,还包括人力资源和设施资源。

首先,用户面对图书馆浩如烟海的文献信息资源,本来筛选就是一个花费时间和精力的过程,如果这些信息资源未经分门别类就毫无章法地"乱堆一气",就会导致用户由于检索毫无头绪,而放弃使用。那么图书馆资源就失去了存在的意义。

其次,图书馆的人力资源同样应该具备有序性,图书馆的所有工作人员构成了图书馆服务组织,整个服务组织的健康有序运转是保证图书馆日常管理工作顺利进行的前提。其实,对人力资源的管理更是一种有效的资源整合,充分体现了图书馆服务的价值和意义。

最后,图书馆的设施资源也是有序的,用户去图书馆读书或查资料都需要图书馆的配套设施提供舒适的阅览环境和便捷的搜索设备,只有这些设施资源保持有序性,才能实现物尽其用,充分发挥其服务功能。

3. 整体性

在图书馆的服务组织中,图书馆的各种资源要素共同构成了图书馆服务的整体,各组成要素之间有着必然的内在联系,彼此互相依存、密不可分。如果各组成部分在整个系统中能够互相配合、分工协作,就能够实现 $1+1>2$ 的效果。虽然今天的图书馆在计算机技术与网络技术的双重作用下已不再单纯沿用传统的运作形式,而是逐渐出现新兴的网络图书馆、虚拟图书馆等,其内部组成要素的内容及各要素之间的联系也自然会发生一定的变化,但是无论形式如何变化,图书馆资源的整体性始终是不变的。

4. 联系性

图书馆资源的联系性是从两个层面来说的：一是系统内部的各组成要素之间的联系；二是系统内部各组成要素与系统外部环境之间的联系。图书馆资源系统中包含多个组成要素，这些要素之间既相互联系又彼此制约，才维持了系统内部的稳定性和整体性。同时，图书馆的服务工作不可能孤立存在，也不是依靠自身单独实现的，而是需要外界的配合与支持，只有在内部各要素相互联系的基础上，同时保持与外界的紧密联系，有序衔接，才能保证图书馆服务工作能够顺利进行，为用户提供更高质量的服务。

5. 动态性

图书馆资源的动态性是指其组织内部的各组成要素不是一成不变的，而是会在各种主客观因素的影响下发生变化。如今的图书馆在现代科学技术发展的影响下，其所处社会环境与技术环境产生了巨大变化。为了适应这种外部环境因素的变化，图书馆必须不断更新自身的资源体系和设施设备，引进高素质人才，强化自身的运行体制，提升服务质量。图书馆发展至今，其外在形式与内在资源内容都在随着社会的发展而不断变化，这种变化就体现了资源的动态性。

（三）图书馆服务资源共享

1. 资源共享的含义

在过去很长一段时间，由于数字技术和计算机尚未出现，图书馆之间的资源共享还局限于传统印刷式文献资源的互借互赠、书籍目录的交换上。

由于现代科学技术日新月异，图书馆以信息技术为载体，在文献信息资源的存取、检索、整合和传递形式上进行了技术革新，可以在了解用户需求后，快速提供其所需的文献信息资源，这些资源可能是本馆的,也有可能是他馆的;可能是国内的,也有可能是国外的。现代科学技术的发展,为实现文献信息资源共享奠定了坚实的基础。这种高效快捷的文献信息资源共享是现代图书馆的一个重要特征,图书馆只有根据用户需求不断调整服务战略,加强馆藏资源建设,才能够为自身赢得更多用户,巩固自身信息资源领域的核心地位。此外,现代图书馆服务资源共享的范围也在不断扩大,它既包括文献信息资源的共享,还包括人力资源以及设施资源乃至管理资源的共享。例如,图书馆联盟的成员图书馆可以共享兼具信息资源管理、计算机网络应用、外语能力的专业型人才,对于小型成员馆,可以利用网络共享这些人力资源,为用户提供专业服务,例如,在联合参考咨询中,充分利用了人力和设备共享,实现了优势互补。

2. 资源共享的对策措施

(1)加强人力资源建设

现代科学技术的发展,更多的电子设施和网络技术被应用于图书馆的资源建设之中,因此,在图书馆的管理方面也应不断更新体系,引进更多具备高素质、高水平的复合型管理人员。同时,图书馆自身人才体系中,应注重培养具备综合的学科能力和创新能力,具有开拓精神的新型人才,跟进社会发展脚步,提升自身的综合水平与能力。加强对学科前沿知识的分析和整合,对具有地方特色的文献资源进行收集和研究,构建学科前沿数据库以及具有区域特色数据库等不同类别的数据库。

(2)加强政府宏观调控功能

图书馆实现资源共享,需要在网络、技术、管理等多个领域进行学科与知识的交叉渗透,必要时甚至需要通过国际合作,通过政府干预来进行组织、协调和控制。政府要充分发挥宏观调控功能,为图书馆的资源建设与发展指明方向,使图书馆的建设能够统筹规划、分工协作、加强沟通、优势互补,进一步提升图书馆建设标准,避免重复建设,减少人力、物力、财力资源的浪费。

(3)加强技术标准体系、规范的研究和制定

为了实现与国际接轨,在进行资源共享时应优先考虑利用国际标准和通用规范,而资源数据的标准化与规范化是图书馆进行资源共享的前提和基本保障。图书馆实现资源共享,首先要保证资源产品具有一致性和共享性,以此为基础,建立规范的标准体系,促进各种标准之间的协调与联系。同时需要将文献格式的描述标准、元数据的定义标准、各种代码和标识符的定义标准、文献类型描述标准、软件接口标准等多种要求置于一个信息平台上进行加工,保证资源共享的可能性与实践性。

(4)重视特色资源数据库的建设,开展多样化的信息服务

现代图书馆的主要特征是数字化与特色化,这两大特征使得图书馆在市场竞争中保持长久的活力与优势。如果图书馆失去了特色,那么就会导致人力、物力、财力的巨大浪费,也会使图书馆在竞争中失去生机。图书馆的信息资源通常是价值较高的特色文献资源,资源之间的相互联系构成了有序、规范的特色资源体系。因此,应在遵循本馆特色资源条件的基础上,开发和利用本馆特有的、具有区域资源优势的馆藏资源,把握特色馆藏的精华,进行数字化以及建设特色数据库。依托先进的信息技术构建高效率的电子文献传递服务系统,在网络环境下确立文献传递服务的新形式,以达到更快、更有效地为广大用户提供高质量服务。通过信息技术的开发与应用,实现专业化、特色化服务,提升用户对图书馆的满意度和馆藏文献资源的合理利用率。

(5)加强联合开发,建立共享的基础

图书馆资源共享的建设需要在全国范围内进行整体规划,不仅需要国内各行各业有关部门和单位之间分工合作,必要时还需要实现国际上的合作。这就需要建立起跨部门、跨行业、跨区域的管理协调组织,利用自主开发、合作开发、联盟开发相结合的信息资源开发模式,确定利益分配标准,协调馆际互借、联合编目、数据库建设和其他项目之间的关系,让各方的权益得到实现,以促成图书馆之间的资

源合作与共享。

(6) 加强对版权标准化建设和质量管理

加强对法律、知识产权、访问权限和数据安全等问题的研究力度,制定相关规定,并通过立法的方式保护版权所有者的根本权益。研究开发数字版权管理技术,加强政府的宏观调控力度,制定相应的政策法规,减少重复性建设以及技术和标准、版权、运行机制等错误的发生。

四、图书馆服务环境

(一) 图书馆服务环境的构成要素

对于图书馆服务环境构成要素,目前学术界暂未形成一个统一的概念。但是综合现有的研究成果,结合信息化时代背景以及现代图书馆的组织结构,可以得出图书馆的服务环境应包括五个方面:服务资源、服务空间布局、信息技术条件、服务制度和服务活动。

1. 服务资源

在图书馆服务资源中,文献信息资源是图书馆服务活动的核心,是图书馆得以存在的基础保障,也是图书馆进行服务工作的前提。它的实际内容既包括现实馆藏资源,同时也包括虚拟馆藏资源。人力资源是具有主观能动性的关键因素,图书馆工作人员是文献信息资源与用户之间联系的桥梁,他们既是文献信息资源的组织者和传递者,又是图书馆服务工作的提供者,在图书馆服务工作中具有重要的指引作用。图书馆设施资源是图书馆的物质基础,主要包括外部环境、内部环境、馆舍建筑、指引标识以及各种电子设备、打印设备、语音设备、传送设备和为特殊人群提供的各种必要设施。

2. 服务空间布局

从空间布局来看，图书馆服务空间可分为图书馆建筑的整体空间设计、各功能区的科学布局、设施设备的布局与布置等。一般情况下，图书馆可设立书刊收藏区、书刊阅读区、电子文献阅读区、读者咨询区和读者休闲区五大功能区。用户对图书馆的第一印象往往是从图书馆的空间布局上看的，因此，建立良好的空间布局有助于提升图书馆的形象，起到吸引读者的作用。

3. 信息技术条件

信息技术条件主要由信息服务技术与网络技术两部分构成。信息服务技术主要指集成平台技术、信息推送技术、信息跟踪技术、信息聚类技术、跨库检索技术以及信息交互技术等；网络技术则包括网络信息平台、网络化图书馆服务系统及网络安全技术等。信息服务技术与网络技术是建立高品质图书馆的前提条件，同时也为信息服务平台的建立提供了相应的技术支持。现如今，信息技术的发展有效扩大了图书馆的服务范畴，提升了图书馆服务的效率，推动了图书馆服务模式由传统被动服务向现代主动服务的根本转变。

4. 服务制度

图书馆的服务制度主要包含两个方面：一是国家机关颁布或认可的图书馆服务活动的法律法规、方针和政策；二是图书馆自身体制内制定的服务体系和规章制度。图书馆服务制度的制定，一方面在于建立规范的图书馆服务环境，另一方面在于平衡图书馆系统中各组成要素之间的联系，保证图书馆运行机制的有序进行，提升服务工作的效率。

5. 服务活动

从根本性质来说，图书馆是服务性的组织，其最终目标就在于为用户提供服务。有学者指出,图书馆的服务活动既包括服务管理、服务手段、服务方式和服务交流,还包括服务活动中反映的服务理念和服务态度。图书馆服务活动水平的提升是一个整体性工程,需要进行全面、系统的考虑。

(二)建立图书馆服务环境的意义

1. 有利于实现图书馆的价值

现今社会,网络高速发展,传统图书馆的功能被弱化,建立图书馆服务环境是十分必要的。首先,可以确立明确的服务方向与服务理念,充分发挥图书馆工作人员的潜力,利用所有客观条件为客户服务;其次,可以完善文献信息资源体系和信息技术系统,为用户提供高效的检索方式,方便用户最快地获取信息资源;最后,可以制定一套从用户角度出发的服务制度,使用户能够在舒适、真诚的服务环境下快速高效地获取信息资源,这样既满足了用户的实际需求,同时也满足了用户的精神需要,提升用户的满意度。拥有广泛而坚固的群众基础,图书馆的存在才更有价值。

2. 有利于树立图书馆良好的形象

用户在图书馆中,会受到多种因素的影响,如图书馆的基本建筑、场所设置、装修装饰品位、服务设施的品质、文献信息资源的排列方式、工作人员服务的礼仪和态度等。用户会在这一过程中感受到自己被重视的程度,进而影响用户对图书馆的总体评价。因此,服务环境的好坏会间接影响图书馆的形象。

3. 有利于实现图书馆的可持续发展

服务环境的不断创新和发展,信息资源体系的完善、信息设备的不断更新和信息服务水平的不断增强能够有效促进图书馆的可持续发展,现代化图书馆服务环境蕴含着现代先进的服务观念与人文意识,二者既存在一定的稳定性,同时又充满生机,为图书馆的转型与发展提供创新与实践能力。秉持现代服务观念与人文意识,能够推进图书馆不断更新落后的思想观念,提高服务层面,增强服务品质,不断满足人们动态的文化需求,同时保证图书馆在体系的创新与发展中实现可持续发展。

4. 有利于突显图书馆在信息服务方面的竞争优势

在图书馆服务环境下,图书馆凭借先进的服务理念和人文精神、先进的信息设备和高水平的服务技能,能不断开拓服务领域,树立特色服务品牌,提高服务水平。诸如网上信息的导航服务、网络信息服务项目的开发、高校信息服务项目的开发、专业图书馆向企业提供专题咨询服务、高校图书馆面向社会提供文献信息服务、公共图书馆以特色资源提供特色服务等。

5. 有利于激励读者精神的升华

营造良好的图书馆服务环境,能够使用户充分受到图书馆现有物质资源以及信息资源的精神感染,在正向、积极的阅读环境中提升自身的精神境界。

(三)图书馆环境对用户行为和服务的影响

1. 服务过程与服务环境

对于用户来说,一个服务组织的外在环境如建筑外形、内部环境构造等是首要关注因素,这些环境因素决定了这一服务组织对于用户是否有吸引力。但是用户的实际需求则需要进入服务组织之后才能够得到进一步满足,这时就需要服务组织提供用户所需的资源和有效的指引,使用户得到一个满意的服务过程。对于图书馆这种用户参与度高、互动性强的组织,服务环境对于用户的影响更为明显,因为用户在服务组织中需要经历全程的服务,服务环境的好坏直接影响用户对服务的认知和满意度。很多时候,用户在服务利用之前就已经从各方面了解到了服务组织的功能与水平,因此,图书馆可以抓住这一点,在用户的了解过程中向用户传达服务宗旨与内容,为用户了解图书馆提供更多的线索。

另外,服务人员在服务组织中也会受到服务环境的影响。根据组织行为学的研究发现员工对其所处服务组织的认同度、工作态度、工作效率都受到服务环境不同程度的影响,而用户和服务人员必须在服务组织的服务过程中相互交流与互动,服务组织的服务环境应充分考虑服务人员和客户的需求和偏好。

2. 图书馆服务环境对用户行为的影响

人与环境的认知整合作用是相辅相成的,图书馆服务环境的营造有助于陶冶用户情操,提高用户的精神文化修养。从建筑环境的角度看,现代图书馆作为社会文化活动的中心,不仅提供书刊阅览平台,同时还提供展新、演讲厅、报告厅、活动室等各种文化活动设施。现代图书馆对服务环境的营造主要以人的需求为出发点。在喧嚣的城市环境下,图书馆为社会大众提供了一个最为良好的阅读氛围,使人们虽然身处闹市,但是却有与世隔绝之感,使人们沉浸在知识的海洋中,增长见闻,开阔视野。

大多数用户到图书馆前都有了指定的目标,可能是为了查阅文献资料,可能是为了阅读典藏文献,可能是为了休闲娱乐。这时图书馆的服务环境将直接影响用户阅读目标的实现。现代图书馆强调"以人为本",应该从服务环境的设计、规划、建造、管理等多个方面,迎合用户的趋近行为。同时,就图书馆内部管理来看,图书馆应注意消除服务人员的规避行为,增强服务人员的趋近行为。良好的服务环境会使服务人员产生对图书馆的心理认同感,虚心接受图书馆管理,认同图书馆的服务理念与方式,进而提升服务质量和水平。

3. 图书馆服务环境对服务沟通的影响

图书馆服务环境对用户与馆员的影响不仅体现在个人表现行为上，还体现在用户与馆员的交流方式上。相关研究发现，服务环境对员工沟通方式、团队凝聚力、友谊和小团体形成产生重要影响，仅仅满足组织成员个人工作需求的环境设计可能不利于馆员与用户之间的交流。因此，可以得出以下的结论。

第一，对于需要用户与馆员沟通的服务，用户与馆员对服务环境具有正向内在反应，可以提高用户间、馆员间以及用户与馆员间的沟通质量。相反，如果用户与馆员对服务环境产生负向内在反应，会降低用户间、馆员间以及用户与馆员间沟通的质量。

第二，有利于馆员趋近行为的馆内环境设计，可能无法满足用户的心理需求，也无法促进馆员与用户的正向沟通。同样，有利于用户趋近行为的馆内环境设计，也可能无法满足馆员的需求，不利于馆员与用户间的沟通。由于服务环境对人的行为影响程度较大，因此，对图书馆整体环境的设计必须具有科学性的目标指导，以保证功能设置符合用户以及馆员的内心期望。图书馆必须在任务书中明确向建筑设计师传达每个功能空间所希望的组织目标，如团队合作、生产力、创新等，并设计一个有益的服务环境，引导馆员的正向行为，促进组织目标的实现。同样，图书馆服务空间的规划设计不仅要考虑用户的流动方向，还要考虑每个空间的服务特征和服务环境所起的作用，以及图书馆设置的这个功能空间的具体服务目标。

第二章 "互联网+"时代的图书馆

"互联网+"的到来对各行各业都带来了不小的冲击,对于图书馆行业来说自然不会例外,它颠覆了以往人们对传统图书馆的认识,不管是从管理理念和服务模式上,还是从组织架构和工作流程上,图书馆的职能都已被重新定义,图书馆的价值评价体系被重新建立,图书馆的功能也得到了更广阔的拓展。简单来说,也就是传统图书馆在"互联网+"时代,将变为一个能使任何人在任何时间、任何地点,以任何方式,通过任何图书馆都能获得其所需要的任何文献信息资源的中心。

第一节 "互联网+"对图书馆及其管理的影响

一、"互联网+"对图书馆的影响

现代计算机技术的快速发展和信息技术的广泛应用促使了现代化图书馆的诞生。不管是在更新硬件方面,还是提升软件方面,科学技术的创新都对图书馆事业的发展起到了明显的推动作用。"互联网+"是在"创新3.0"基础上进一步发展的互联网新业态;是在发展知识社会的过程中,使各行各业都与互联网的创新成果进行深度融合,进而推动技术改进、组织变革、效率提升,增强实体经济生产水平,并形成更加广泛的以互联网为基础设施和创新要素的经济社会发展新形态。

"互联网+"不仅使传统思维模式发生根本性的改变,更使社会的商业模式、经济模式和社会服务模式都产生了不同程度的突破。而"互联网+图书馆"从本质上来说是互联网与图书馆通过跨界连接后再进行融合创新,以构建起一种新型的、更加适应现代社会的图书馆管理和服务模式,进而形成全新的图书馆发展形态。这对于图书馆的发展来说具有极为深远的影响。

(一)颠覆了图书馆形象

社会在不断进步,科技也一直在发展,图书馆的形象也会随之发生改变,在"互联网+"下,QQ、微信、移动互联网等社交平台的广泛应用,都使图书馆的形象发生了显著的改变。

1. 图书馆形象1.0时代

图书馆形象1.0时代指的是早期传统图书馆以藏书楼形式存在的时代。代表了早期专门以藏书为主要功能的时代,一般都是以一种较为封闭的形象示人。

2. 图书馆形象2.0时代

图书馆形象2.0时代指的是以文献服务为主要功能的时代。这时的图书馆主要是以资源为中心进行收集、整理、储存、传播和管理的场所,其职能主要是保存人类历史文化遗产、整合文献资源、提供文献信息服务、履行社会教育等,此时的图书馆逐渐突破封闭状态,有所开放。

3. 图书馆形象3.0时代

随着网络技术的不断发展和移动通信技术的广泛应用,使得人们获取信息的渠道和方式都发生了翻天覆地的变化,不再一味地依赖于传统图书馆。而图书馆通过利用先进的互联网技术和信息通信技术对各种不同的信息资源进行整合、加工、开发再利用,使其集开发、存储和利用于一身,变成融合多种信息资源(包括数字资源)的集散地,并在一定程度上实现了资源共享,无论是从资源上还是从设施上都向前迈了一大步。

4. 图书馆形象4.0时代

图书馆形象4.0时代就是图书馆的"互联网+"时代。"互联网+"下的图书馆以较成熟的互联网技术和移动通信技术为基础,并进一步发展创新,这样使用户获取信息的方式更加广泛、灵活,同时对图书馆的依赖程度越来越低。"互联网+"下的图书馆致力于实现任何读者随时随地都能在任意图书馆快速地获取所需信息。与此同时,任何读者也都可以享受图书馆的即时交互服务,使其交流更加畅通。也就是说,在"互联网+"下,图书馆也可以实现全开放状态,读者在这里能够体验到娱乐和休闲,成为一个全身心放松的好去处。

(二)重构图书馆组织结构

传统图书馆的各个系统都呈封闭状态,各自为中心。其特定的服务对象、服务地点及有限的馆藏资源呈现出了较为保守和模式化的特点。图书馆组织内部也呈分割状态,各自独立。采编、流通、阅览、储存等不同部门都只负责自己管理范围内的事务,如流通部门掌握的流通数据和读者需求等信息并不反馈给其他部门,而采编部门根据馆藏结构进行采访,也不参考其他部门的情况。

但是在"互联网+"时代,互联网技术和移动通信技术都得到了广泛的应用,读者特征逐渐呈现碎片化和聚合性,其希望自己可以随时随地,通过多种方式获得自己所需要的信息。面对读者这样的需求,图书馆首先要认识到自身的不足,并加以改进,打破原有部门分割的形态,促使各个部门的工作都要"以读者为中心"展开,并依托图书馆大数据,建立起始终围绕读者而进行的管理和服务系统;其次要改变原来馆与馆之间相互独立不互通的状态,发展跨馆融合、跨界融合,进而实现资源共享,使读者能够在一个共享平台上获得所有图书馆提供的服务。由此可以看出,"互联网+"不仅可以使图书馆管理与服务理念在一定程度上得到前所未有的创新,而且"互联网+"的网络规模效应也会使图书馆的组织结构和工作流程得到重构,这样就可以使图书馆管理和服务的手段更加多样化,不管是从图书馆管理质量上,还是从图书馆服务水平上都能得到较大的提升。

(三)重组图书馆价值评价体系

传统图书馆与社会上其他机构的不同之处主要在于,其以收集、整理、储存、传播和管理文献资源来展现自身的价值,并以馆藏文献资源服务于读者。因此,构成图书馆价值评价体系的重要元素主要包括保存人类文化遗产、提供文献信息服务和履行社会教育。

但是在"互联网+"时代,图书馆将打破原有传统,并和社会上的其他行业进行深度融合,进一步形成新的发展驱动力量,以一种基础性设施而存在。换句话说就是,"互联网+"下的图书馆将会变成一种具有创新驱动力的生产要素。因为"互联网+图书馆"与传统图书馆的数字化、信息化并不相同,它已经转变成为一个动态过程,不仅致力于为各行各业提供信息支持和服务,而且还致力于大数据的开发、储存和利用,意在更加快速地实现信息的深远传播、分享、利用以及提升社会运行效率。因此,"互联网+"下,图书馆的价值评价体系的重要元素将变为图书馆和互联网的融合程度、图书馆对大数据开发和利用的广度及深度,以及用户的满意度,其中,用户满意度尤其显得重要。

(四)重建图书馆技术支持

1. 图书馆技术支持1.0

在图书馆1.0时代,基本没有技术可利用,完全依靠人力来管理藏书和藏书楼。如防火、防潮、防蛀等方面的工作,对典籍进行查找、整理、分类、保存等方面的工作,这些都需要通过人力去逐一完成。

2. 图书馆技术支持2.0

随着计算机的出现,图书馆的管理、服务、业务等各个方面环节都逐渐由机械化代替了以往的全手工工作,更多的读者能够接触到图书馆资源并享受咨询、借阅等方面的服务。

3. 图书馆技术支持3.0

随着计算机技术的不断发展和通信技术的逐渐成熟,图书馆从文献信息资源建设到为读者服务的每一个业务流程都逐渐实现了现代化管理和服务,并且相应地出现了很多可以资源共享的服务平台,这些都促使了读者在获取需要的信息资源上更加方便快捷。

4. 图书馆技术支持4.0

互联网技术的飞速发展使得图书馆的技术支持更加多元化,包括非结构化和半结构化数据的分析和应用,并且随着云计算、移动互联网等"互联网+"技术得到大力推广和应用,图书馆在建立、开发、传递图书馆大数据系统方面得到了更全面的技术支持。因此,"互联网+"下图书馆将通过提升自己的信息和数据资源,加强与其他各行各业的深度融合,最终发展为一个庞大的数据中心集合体,为社会和读者提供全方位的信息服务。

二、"互联网+"对图书馆管理的影响

一般来说,管理指的是管理主体有效组织并利用人、财、物、信息、时空等各方面要素,通过一定的管理手段来完成该组织目标的过程。对于图书馆管理来说,则具体指的是图书馆管理人员针对图书馆的文献信息、人力、财力和物质资源等,通过计划、组织、领导、协调等一系列有效的管理手段,进而实现图书馆目标的活动过程。从微观来看,图书馆管理主要指的是对独立的单体图书馆的管理;从宏观来看,图书馆管理则指的是对整个社会图书馆体系的管理。图书馆系统是图书馆管理的主要对象,而图书馆建筑、文献资源、数据信息、馆员、设备、技术手段、经费等方面的要素是构成图书馆系统不可缺少的部分。因此,图书馆管理从本质上来说就是对构成图书馆系统的各个要素进行管理。

图书馆管理是图书馆建设和发展中尤其重要的一个环节,管理质量的好坏、管理水平的高低都对图书馆各项功能的是否能更好地发挥起着直接的决定作用,并且还直接影响到图书馆在读者乃至整个社会中的角色定位。而"互联网+"对图书馆有着极为深刻的影响,它不仅颠覆了以往人们对图书馆的理解和认识,还开创和更新了图书馆的服务模式,这对图书馆管理来说是发生了巨大的变化。

(一)管理对象由图书转向读者需求

以往的传统图书馆,其文献资源大多是纸质的,基于此种情况,图书馆所有的工作,不管是图书文献的采访、编目、分类、储存,还是为读者提供借阅服务,都是以纸质资源为依托而开展的。图书馆管理的重点也都是这些纸质资源。虽然也会有一些讲座、咨询、展览、会议等可以使图书馆活动内容有所丰富,但这并不能改变图书馆以"书"为主的本质,不管是从功能布局、工作流程上,还是从部门设置、文献服务上,图书馆始终还是围绕"书"来进行的。

互联网的飞速发展和移动设备的广泛应用,使人们现在越来越喜欢和习惯在移动终端阅读和获取所需的文献资源。究其原因,一方面是现在的生活节奏越来越快,大多数人们没有足够多的时间去查找和阅读,而移动设备方便快捷,能充分利用有限的碎片时间来进行阅读;另一方面是现在的互联网技术日新月异,内容也层出不穷,丰富多彩,不仅有广泛的文字信息,还有形象的图片、音频、视频等,人们通过移动设备阅读可以获得更好的体验感,还可以通过平台相互讨论和交流。在这样的"互联网+"时代,互联网连接的泛化性使读者获取文献资源的渠道更加宽广和多元,而读者阅读时间碎片化要求图书馆要能即时满足读者的需求。这些都迫使图书馆要更加重视现代读者的需求,在管理的对象上,必须从文献信息向满足读者即时需求转移,这样图书馆才能吸引读者。否则图书馆将与读者渐行渐远。

(二)管理理念由重藏轻用转向重用轻藏

由于以前的文献资源数量少、成本高、获取的渠道有限,人们只能通过图书馆获取想要的资源,而图书馆的主要工作就在于收藏,也就是把一些有用的资源由外到内收集起来。传统图书馆的管理理念主要是重收藏、轻使用,重管理、轻应用。就算到了现在,仍然有很多图书馆保持这种状态。但是互联网技术和通信技术一直在发展,不断取得大的突破,各种信息资源呈爆炸式增长,读者使用信息资源成本逐渐下降,尤其是在"互联网+"环境下,读者更加注重文献资源获取的途径和方式,而对于该资源的来源甚少关注。再加上移动终端的快速发展和广泛应用,读者可以在移动互联网的支持下随时随地获取所需的文献资源而不受任何空间的限制。这些变化促使图书馆的管理理念也要从根本上发生改变,从以往的重收藏、轻使用转向重使用、轻收藏,更要求图书馆要从以往对藏书的关注逐渐转移向对读者需求的关注,更加注重图书馆与读者之间的分享和交流。

当然,任何变化都需要有一个适应过程,图书馆也要逐渐适应这种变化，对此，一方面要求图书馆在加快电子文献资源建设的同时不能忽略对现有纸质文献的数字化，还要加强对各种网络信息资源的收集、整合、处理、开放和利用，只有这几项都落实到位，才能更大限度地留住读者；另一方面则要求图书馆建筑也要对此变化有所适应。要彻底改变传统图书馆藏书为重的建筑布局，要以读者的需求为核心考量来做人性化设计，更多地关注读者与书的交流、读者与读者交流的便捷。

（三）管理环境由静态转向动态

传统图书馆不管是属于哪一种，实际上都只是单一的内部管理，也就是对图书馆内部进行采访、分类、编目、借阅和典藏等方面的管理，这种管理模式是一种静态管理，它与传统图书馆"以书为本"的管理理念和以单一提供纸质文献资源的借阅服务方式是相匹配的。但是在"互联网+"下，基于连接的泛化性和通信技术的不断发展，各种网络信息资源纷至沓来，打破了图书馆原本相对独立、封闭的环境，边界也逐渐变得模糊，图书馆除了对原有资源进行静态管理之外，更重要的是对图书馆外部环境进行动态管理。

图书馆的动态管理包括以下几个方面。

（1）对各种网络文献资源的管理，也就是对各种网络信息资源进行收集、整合、加工、处理，使其成为图书馆文献资源的重要组成部分。

（2）对读者信息的管理，也就是通过先进的感知系统，运用大数据技术对读者各方面的信息，如爱好、阅读兴趣、研究方向等进行精准分析，以便为读者提供有针对性的个性化服务。

（3）对读者交互平台的管理，也就是通过一些即时交流的平台，如微信公众平台、QQ群、微博等，明确读者的阅读动态、了解读者的需求、把握读者对图书馆的建议，以便更好地为读者提供服务。

（4）对图书馆统一网络平台的管理，"互联网+"下的各种新型技术为图书馆统一网络平台的建设提供了可靠而有效的技术支持，统一网络平台的建立,使图书馆馆际互借、资源共享成为现实,但同时也对这方面的管理提出了更高的要求。

(5)对图书馆特色数据库的管理,也就是对图书馆通过融合其他各种信息资源自建的特色数据库进行不断更新、完善,从而使该数据库能为各类研究人员提供更高效的服务。

(6)对图书馆合作项目的管理,在"互联网+"下,公共图书馆需要与政府、出版社、书商等建立合作机制,如联合开展阅读推广、展览、讲座等活动。

(7)高校图书馆不仅要与主管部门、出版社、书商建立合作机制,而且也需要与各院、系以及学生管理部门和学生自治机构建立合作关系,共同推动图书馆事业的发展和进步。这些都应当纳入图书馆的动态管理范畴。

在"互联网+"下,图书馆动态管理的水平,既是评价"互联网+图书馆"建设质量的标准之一,也是决定"互联网+图书馆"建设目标能否实现的关键环节之一。

(四)管理范围由单一的纸质文献资源转向多元资源

传统图书馆因受限于文献资源载体和服务手段的唯一性,管理的范围比较单一,除对馆员、财物的管理之外,就是对纸质文献信息资源的管理。但随着互联网技术和通信技术在图书馆的应用,图书馆在管理范围上开始向多元化、更宽泛的方向转变。

首先,就文献资源而言,除传统纸质文献资源以外,还有大量的数字资源,包括电子文献、视频、声频、图像等数据库资源和网络信息资源,尤其信息资源,图书馆不仅是搜索和寻找信息的地方,而且是共享信息的场所。对信息资源的管理,不仅仅是对信息的收集、整合、深加工和利用(传输),而且还包括对各类信息的开发,建立相关数据库和形成相关大数据。其次,就对馆员的管理而言,由于传统图书馆对馆员的业务能力要求不高,对馆员的管理仅仅局限于对其工作纪律上的管理。但进入"互联网+"时代,对馆员的知识、能力、素质和技术的要求非常高，图书馆不仅要对馆员进行工作纪律上的管理，更要对其知识的提高、能力的提升、专业素质的养成和技术的强化等进行管理。最后，就财物管理而言，传统图书馆更多的是管书，关注的是如何防盗、防霉、防虫等。但在"互联网＋"时代，一方面有更多、更先进的机器设备和技术引入图书馆，另一方面又有更多、更个性化的需求来要求图书馆。图书馆的管理关注的中心在于如何让馆员、读者学会并熟练使用这些设备，掌握这些先进的技术，让这些机器设备和技术发挥更大的功能。由此可见，"互联网＋"将会使图书馆的管理范围得到进一步的拓展。

（五）管理模式由传统的金字塔层级转向扁平化

传统的图书馆管理模式一般呈金字塔结构，也就是从馆长到副馆长，到办公室、信息部，再到采编、流通、阅览等不同部门，最后才是馆员。而馆员是与读者产生直接接触的人，其在接触过程中所获得的一手信息和建议，需要通过一层层向上传递才能最终反馈到图书馆的最高领导层。这种管理模式的弊端就是反应速度慢，效率低。在"互联网＋"下，这种管理模式和服务理念是无法适应现代图书馆管理的。"互联网＋图书馆"要以读者为中心，最终目的是为了满足读者随时随地获取信息资源的需求，为此就需要图书馆方面能够在传递用户需求时达到即时、快速，进而实现读者与图书馆资源对接上的"零距离"。因此，扁平化管理模式则是图书馆能够满足读者即时获取需求的必然选择。扁平化就是通过破除图书馆的垂直层级结构，减少管理层次，增加管理幅度来建立一种紧凑的横向管理模式。扁平化的管理模式不但在适应图书馆外部环境的变化上更具灵活性，能即时快速地响应读者的需求，还能为读者提供最优的需求解决方案，使读者的满意度得到提升。

第二节 "互联网+"对图书馆提出的挑战及其应对策略

一、"互联网+"对图书馆提出的挑战

近些年来,随着移动互联网的不断发展、移动应用系统的优化更新及移动智能终端逐渐普及,不管是在创新管理方面,还是在提升服务方面,很多图书馆都取得了实质性的进展和明显的成效。但这与"互联网+图书馆"的最终目标还存在着一定的差距。随着"互联网+"时代的到来,图书馆所面临的一些问题也越来越明显,这些都将是图书馆需要密切关注和高度重视的。

(一)"互联网+"意识缺乏

现实中,虽然图书馆领域内相当一部分机构和服务人员听说过"互联网+"的概念,也知道"互联网+"是国家战略,但根本上就不能理清"互联网+"的内涵和本质,对"互联网+"的作用及所产生的深刻影响还没有足够的认识,甚至有人认为"互联网+"与图书馆没有任何关系;还有一部分馆员认为,"互联网+"是互联网巨头炒作起来的一个概念,不能真正产生实效;甚至也有部分学者担心这种无休止的炒作会打乱图书馆既有的组织结构和部署,颠覆了图书馆既存的管理和服务模式,倾覆了图书馆的基本属性。因此,他们对"互联网+"敬而远之。从已知的一些数据资料来看,图书馆领域所涉及的关于"互联网+"的研究,不同地区、不同类型、不同层次的图书馆管理人员及服务人员在认识的广度和深度上都存在着较大差异。

(二)"互联网+"思维尚未形成

目前在图书馆领域里,由于对"互联网+"的认识不足,因此还没有形成系统的思维方式,这样就使两者的跨界融合进展困难。有的图书馆习惯于传统模式,满足现状,不愿做出尝试和改变,也不愿在互联网和图书馆融合方面投入精力和成本,只是固守陈旧的管理及服务模式,缺乏变革创新的勇气和动力;有的图书馆总是对"互联网+图书馆"模式保持怀疑,不愿付出"摸着石头过河"的艰辛和努力,更不愿承受"摸着石头过河而跌倒"所带来的风险,准备暂时观望,待将来相关理论和技术成熟之后,再尝试行动;更有一些小型、偏远的图书馆不认可"互联网+",认为其和图书馆不存在联系,从而拒绝接受"互联网+"。就目前来看,图书馆所面临的主要问题就是缺乏"互联网+"思维和开放的心态,欠缺跨界的勇气,以及缺少拥抱"互联网+"的胸怀。

(三)技术支持不够

在"互联网+"的背景下,图书馆基础设施建设主要包括网络基础、软硬件基础以及标准接口基础这三方面的基础设施建设。从某种程度上说,图书馆引进并使用计算机的时间都早于其他行业或部门,对相关基础设施的建设理应更先进、更成熟。但事实上,由于图书馆的公益性属性以及资金支持有限,进而导致其在这些方面的建设并没有很大进展,仍有待大幅度加强和提高。

虽然我国很多图书馆在20世纪90年代末的时候就已经更换了集成管理系统,并在使用过程中持续升级,但其升级范围大多以传统文献的管理为主,而很少涉及网络信息资源,这就使图书馆为用户所提供的使用网络信息服务资源的行为和工具方式、方法还达不到现代网络信息服务技术的发展水平。因此,在"互联网+"背景下,要保证图书馆网络基础设施和其他相关基础设施与图书馆互联网、移动互联网、物联网的建设处于同步状态,关键在于三个方面,首先,图书馆管理者要对"互联网+"有一个深层次的认识,明确"互联网+"的意义,知晓"互联网+图书馆"将是未来图书馆建设的必然之路,应对此加强投入。其次,图书馆要构建软硬件资源开放性接口,使馆与馆之间以及图书馆和其他行业之间都能进行有效的连接和互通,实现资源共享,并进一步推动图书馆信息和数据资源达到更高的利用率。最后,图书馆应呼吁和建议国家和行业制定新型大数据服务标准,对相关接口加以规范,使图书馆之间、图书馆与社会各行业之间能连接成一个信息资源整体。

(四)跨界人才资源储备不足

图书馆在以往的传统管理上,其工作人员的能力主要体现在图书文献资源的整理、传递、储存和管理方面。但是在"互联网+"背景下,信息服务的融合、交叉以及大数据的跨界开发和利用等方面都对图书馆管理人员提出了新的更高的要求,需要他们既要掌握与图书文献管理有关的专业知识,同时还要具备相当的计算机使用能力以及借助计算机语言进行大数据资源的收集、整理、传递、储存等能力。但是就当前情况来说,还较为缺乏这方面的人才,因此,跨界人才储备不足是目前图书馆在实现"互联网+"过程中所面临的困难之一。

(五)风险意识防范不强

由于互联网技术目前在很多图书馆的应用上还未得到广泛提高和融合,因此图书馆网络系统受到黑客攻击的可能性较低。但这也导致图书馆相关工作人员较难意识到风险的存在,也就缺乏防范。而"互联网+"时代的到来,使图书馆系统长期处于开放化和数字化,这就很可能受到黑客的攻击。一方面是因为黑客可能通过篡改或窃取信息资源数据,导致网络信息资源的失真或丢失,并最终会导致图书馆网络系统的崩溃或瘫痪,给图书馆资源、财产造成极大的损失。另一方面,由于图书馆拥有大量的读者信息,黑客的入侵也会导致这些读者信息及隐私的泄露,从而影响读者的生活,甚至有损读者利益,进而影响到读者对图书馆的信任。由此可见,在"互联网+"时代,风险防范变得更加重要,这也是图书馆所面临的难题之一。

二、图书馆的应对策略

(一)"互联网+"背景下图书馆呈现的特征

"互联网+图书馆"实际上具有两方面的含义。一方面指的是在"互联网+"背景下,"图书馆+图书馆"。但这并不是"互联网+"背景下图书馆与图书馆之间简单的互联,而是依托"互联网+"技术,实现馆馆互联,建立统一的图书馆联盟网络系统。另一方面指的是,"互联网+"背景下,"图书馆+行业及服务",也就是以"互联网+"技术为依托,实现图书馆与其他行业及服务的跨界融合,建立图书馆信息资源大数据。一方面是实现"互联网+图书馆"目标的基础,另一方面是实现"互联网+图书馆"目标的手段。随着"互联网+"技术,如云计算、大数据、移动互联网、物联网等在图书馆管理和服务上的广泛应用,图书馆将呈现出以下显著特征。

1. 跨馆连接、跨界融合

跨馆连接、跨界融合是"互联网+图书馆"最显著的特征。传统图书馆因受特定服务对象和服务模式的限制,不管是公共图书馆还是高校图书馆,很大程度上都难以实现直接互联,用户要想进入某个图书馆网络系统,必须通过该图书馆特定的网络接口,而用户要想实现跨馆进入则比较困难。可以说,传统图书馆就是一个封闭的内循环系统,尽管在系统内部,图书馆是学科、领域、专业及行业交叉现象最频繁的一个部门,但就馆与馆之间的关系而言,条状分割、馆馆不通则是种常态。但在"互联网+"背景下,通过"互联网+"技术不但可以实现馆与馆之间轻松互联,而且还能给图书馆和其他行业及服务进行跨界融合提供更可靠的保障。因此,在这个意义上,"互联网+图书馆"的本质就是跨馆连接、跨界融合。

2. 以读者为中心

在"互联网+"时代,图书馆管理和服务的重点将转变为以读者为中心。以往传统图书馆的管理和服务常常围绕文献信息资源而展开,从获取信息、整理、加工、存储,到传递等,图书馆的管理和服务工作无一不是以文献资源为中心。但在"互联网+"背景下,移动互联网技术的广泛使用,读者呈社群性分布、读者的阅读和访问时间呈碎片化,而读者的需求却具有显著的即时性。图书馆一旦失去读者,就失去了存在的意义,对此它就必须要变革传统的管理和服务模式,所有的环节和流程都要围绕读者去展开。

以读者为中心,就是要重视读者的参与度,尊重读者需求的多样化、个性化,注重读者的体验,建立起读者与图书馆之间的信任关系、互助关系;以读者为中心,就要让读者在"互联网+图书馆"中愿意做图书馆的义务宣传者,参与到图书馆的创新活动中,并体会到参与创新所带来的参与感和满足感,也让图书馆的管理和服务的"每一个细节都可以说话",以打造"互联网+"时代图书馆建设与发展的新引擎。在"互联网+"时代下,各行各业都始终以用户为其核心,那么,图书馆管理和服务的核心则必是读者无疑。

3. 共享性、开放性

共享性、开放性是实现"互联网+图书馆"思维模式的核心。保守、封闭、独立、被动服务是传统图书馆的形象代言词。在"互联网+"时代,无论是何种类型的图书馆,要想适应"互联网+"技术发展趋势的要求,形成新的创新驱动,就必须打破图书馆现有管理和服务上垄断格局和条块分割的局面,实行馆际互联和跨界融合。而要实现这一切的前提就是图书馆必须具有开放式思维和共享性行为。没有开放,就没有连接,也就没有跨馆互联和跨界融合;没有共享,图书馆也就无法实现"互联网+",更不用说形成创新驱动。在科技创新的时代背景下,图书馆如果不具开放性、共享性,仍固守自己的一方"净土",而这种故步自封的思维模式必将让图书馆发展裹足不前,也终将使读者逐渐远离图书馆,这样图书馆也将失去存在的价值和意义。

4. 多元结构重塑

多元结构重塑是图书馆拥抱"互联网+",实现"互联网+"的效果特征。"互联网+"技术的飞速发展和广泛应用,现实世界和虚拟空间中各种物质都被数字化、信息化和网络化,使得信息资源无处不在、无时不有,成为人类须臾无法脱离的附属物,同时也重新塑造了以前关于社会、地缘、文化、经济等方面的结构体系,而对于图书馆的结构体系来说,自然也是如此。

在"互联网+"时代,图书馆的主要业务将由传统的管理与服务转变为大数据的开发和应用。关系结构的变化主要表现为,图书馆管理者、服务者和读者的固有身份将被打破,并在特定的条件下可以任意转换,如读者在一定程度上也可以参与图书馆的管理与服务、大数据开发与应用等过程,并与图书馆重新建立起信任关系和互助关系;同样地,开放、共享、大众创业和大众创新将成为"互联网+"时代图书馆文化结构的主要构成元素,从而形成一个多元化的文化态势。

5. 生态的服务系统

在"互联网+"时代,图书馆的建设目标将变为以互联网技术为依托,以读者为中心,实现馆际互联、跨界融合,构建一个全新的图书馆生态服务系统。图书馆若想实现这个目标,就必须以读者为中心展开,不管是从思维观念、管理模式上,还是从工作流程、服务理念上,都始终要围绕这个中心,进而构建出一个良性循环的生态服务系统。同时,还要依托"互联网+"技术,通过运用一些新的技术手段,进行图书馆大数据的开放、储存、传递和利用,在实现馆际互联、跨界融合的基础上,形成新的创新驱动,以此来成就一个生态的图书馆服务系统,创新图书馆的未来。

6. 智慧化服务

智慧化服务是"互联网+图书馆"最显性的特征之一。"互联网+图书馆"不仅仅是"互联网+"背景下馆与馆之间的互联,也是图书馆与其他行业及服务的互联。这种互联是图书馆实体与虚拟空间"智慧互联"的体现,也是图书馆实体与虚拟空间交互的一种方式。没有这种连接,就没有这种"智慧互联",也就没有"互联网+图书馆","互联网+图书馆"智慧化主要表现在三个方面。

(1)智慧化的需求感知

通过物联网、RFID、移动互联网等技术可以自动且快速地感知读者、管理员、服务人员以及数据资源等,进而将个体读者情景与群体相关情景进行融合,并结合读者在图书馆内外的环境信息,智慧化预测读者的潜在变化、实时需求以及动态需求。

(2)智慧化的服务推送

"互联网+图书馆"所提供的服务主要以密集型信息资源服务为主,并充分发挥信息资源拥有者、整合者、开发者的核心作用,通过数据挖掘进行智慧化服务推送,帮助读者在信息资源利用过程中进行知识管理和知识创新,提升智慧(如智立方、知网都已经提供知识管理、分析等功能服务)。这种服务可以说是基于数据驱动和读者驱动相结合的服务创新,是一种高品质、高价值、重创新的高层次智慧服务。

(3)智慧化的物流配送

"互联网+图书馆"的智慧化服务创新将更多地体现在与物流

业的跨界联合,读者的即时需求(读者访问图书馆某一数据库时需要即时获得相关纸质资源)要被满足,必须借助于智慧化的物流配送系统的支持(由合作的物流公司第一时间送书上门),这样才能让读者享受到图书馆极致服务带来的快乐。

(二)"互联网+"背景下图书馆的顶层设计

自"互联网+"概念被正式提出,并明确要以国家战略的高度来制订"互联网+"行动计划之后,国务院出台了《关于积极推进"互联网+"行动的指导意见》,通过全新视角和全局思维,从顶层角度设计了"互联网+"行动的三年短期目标和十年长远规划,并从宏观角度规划了"互联网+"行动的总体思路、基本原则、发展目标、重点行动、保障支撑。在行动的路径上设计了包括创业创新、协同制造、现代农业、智慧能源、普惠金融、益民服务、绿色生态、电子商务、人工智能等在内的11项行动计划。这些行动计划在为实现"互联网+"行动目标方面提供了坚实的理论支持和实践指引。而如何制订科学、合理、完善的"互联网+图书馆"顶层设计,对于实现"互联网+图书馆"目标同样至关重要,也可以说这是关乎"互联网+图书馆"行动成功的关键。

1."互联网+"背景下图书馆顶层设计的概况

对于图书馆行业来说,目前,也有部分地区公共图书馆和高校图书馆已经开展了"互联网+图书馆"顶层策略设计工作。其中,最值得人们关注的是浙江省图书馆联合全省11个市级图书馆发布的《开放融合,连接一切——浙江省公共图书馆"互联网+"行动计划》,这一计划的提出正式拉开了我国图书馆行业"互联网+图书馆"行动计划实施的帷幕。

该《行动计划》指出,在工作思路上,要树立互联网思维,用"互联网+"提升图书馆服务,创建适应移动互联网和用户行为习惯的新型服务模式;运用云计算大数据提升行业管理能力和资源共建共享能力,使条件相对落后的图书馆快速提升资源和服务能力,增强全省公共图书馆整体服务水平,提高整体服务效能;以开放姿态连接一切,打造公共文化服务的新型业态。在主要措施上,通过流程重组,把围绕图书馆设置工作流程转变为围绕用户创建工作流程;通过服务上线,实现图书馆资源和服务上线;通过跨界融合,将服务入口前置,积极主动接入支付宝、微信等移动平台的城市服务,让用户在熟悉的生活和社交场景中触手可及;通过数据共享,建立和完善全省公共数字服务平台,促进资源共建共享和联合服务,建立和完善全省公共图书馆数据平台,实现全省公共图书馆书目信息、用户动态信息的共享和更新。

此外,在其他地方政府和教育行业所制定的《"互联网+"行动计划》中,对"互联网+"背景下公共图书馆和高校图书馆的建设均有所涉及,如《福建省"互联网+"行动计划》《青岛市"互联网+教育"行动计划》等。

2. "互联网+图书馆"顶层设计的基本框架

正如"互联网+"概念的倡导者于扬所说,"互联网+"实际上并没有一个固定的模式,其理念强调的主要是在原有互联网基础上能够有进一步的扩展和提升,为各个行业进行互联网化提供一个具体可行的思路。因此,对于"互联网+图书馆"来说,也就没有固定可套用的模式,但却是一个大型复杂的、可持续性的系统工程。"互联网+图书馆"顶层设计应坚持可持续性发展的文献信息资源服务理论,秉承五位一体的理念,立足图书馆现实基础,从全局和整体的视角来规划"互联网+图书馆"总体设计框架。

"互联网+图书馆"顶层设计框架,主要指的是在进行"互联网+图书馆"顶层设计时所必须考虑的能够影响全局的关键性因素,以及这些影响因素相互之间的联系。这些因素包括"互联网+图书馆"指导思想、行动纲领、保障体系及功能体系等。

(1)"互联网+图书馆"的指导思想

我们认为,"互联网+图书馆"的指导思想是以读者为中心,依托互联网技术,实现馆馆互联和跨界融合,进而形成创新驱动,建立起具有创新性的图书馆管理服务模式,以便在图书馆的服务效率和服务功能方面都能有所提升和拓展,并使图书馆事业得到更进一步的发展。

"互联网+图书馆"与传统图书馆显著不同的地方在于其始终秉承"以读者为中心"的核心理念,这也是"互联网+图书馆"的出发点和落脚点。为此,"互联网+图书馆"的所有工作都是围绕读者而展开,以最终满足读者的个性化需求为目标的。

互联网技术的飞速发展和广泛应用是图书馆实现馆际互联和跨界融合的前提和基础。在"互联网+"背景下,各种互联网技术的发展不但可以让图书馆馆际互联变成现实,也使图书馆与其他行业进行跨界融合成为可能,而且在一定程度上更加拓宽了读者获取信息资源的渠道和方式,从而颠覆了传统图书馆的管理和服务模式,进一步实现了图书馆管理服务的创新,并形成新的驱动力量。不仅如此,互联网技术还改变了信息资源的存在形态,使图书馆从传统的物理形态转向生态图书馆、智慧图书馆、云图书馆等,更使得"互联网+图书馆"的功能由传统文献资源的采访、整理、加工、存储和传递拓展到图书馆大数据的开发、存储和利用,从而实现图书馆价值的创新。

(2)"互联网+图书馆"的行动纲领

"互联网+图书馆"的本质是"互联网+服务+创新"的新模式,是在互联网化背景下图书馆服务发展的创新形态。"互联网+图书馆"不但使馆与馆互联,更让图书馆与其他行业及服务之间实现跨界融合;不但在管理和技术服务上产生新的连接,更让知识管理与服务理念、思维以及模式在不同程度上得到更多的创新。"互联网+图书馆"顶层设计行动纲领包括"互联网+图书馆"基本原则、建设目标、建设规划、建设方案、实施策略、建设路径、评价体系等,它对

"互联网+图书馆"设计、建设、发展和推广具有重要的引导作用。

①"互联网+图书馆"基本原则,指的是在"互联网+图书馆"各项建设中应当遵循的基本准则。它是实现"互联网+图书馆"建设目标的根本保证,建设规划的设计、建设方案的确立和实施策略的执行都应以基本原则为指南,基本原则是纲,建设规划、建设方案和实施策略是目,只有纲举才能目张。

②"互联网+图书馆"建设目标,指的是能让读者和用户方便快捷地获取所需图书馆资源信息,以满足其个性化的知识服务需求,形成创新驱动,实现图书馆价值创新。

③"互联网+图书馆"建设规划,指的是以图书馆管理和服务的现实情况为出发点,在此基础上进一步为实现"互联网+图书馆"的建设目标而展开的系统性的规划设计工作。它以"互联网+图书馆"基本原则为指导,是对"互联网+图书馆"路径选择方向的具体诠释。

④"互联网+图书馆"建设方案,指的是在"互联网+图书馆"建设规划的基础上进一步具体化。

⑤实施策略指的是对"互联网+图书馆"建设方案的具体实施方法。"互联网+图书馆"建设规划、建设方案和实施策略是实现其路径选择和建设目标的重要手段。

⑥"互联网+图书馆"建设路径,是指实现"互联网+图书馆"建设目标的途径。建立智慧图书馆、生态图书馆、绿色图书馆、云图书馆就是"互联网+图书馆"应当选择的路径。"互联网+图书馆"建设目标和路径选择都应当符合"互联网+图书馆"的指导思想。

⑦"互联网+图书馆"评价体系,指的是评估和检验"互联网+图书馆"建设体系是否成功、建设效果是否显著、路径选择是否正确、顶层设计是否合理的重要手段和方法之一。

(3)"互联网+图书馆"保障体系

"互联网+"的思维与技术给各行各业都带来了不小的冲击,图书馆行业自然也不例外,"互联网+图书馆"将改变传统图书馆的管理和服务模式,重新打造图书馆的体系架构、工作流程以及运行模式,使人们对图书馆有一个不同以往的新的认识。"互联网+图书馆"要实现其顶层设计的预期目标,必须有一整套完整的保障体系来予以支撑。"互联网+图书馆"保障体系的建立应以"互联网+图书馆"指导思想为指引,服从于"互联网+图书馆"建设路径、建设规划、建设方案和实施策略,以保证"互联网+图书馆"功能体系的有效运行和协同创新,进而确保"互联网+图书馆"建设目标的顺利实现。

"互联网+图书馆"保障体系包括政策支持保障、标准规范保障、技术支持保障、法律保障、安全与隐私保护体系等。

①政策支持保障

国务院印发的《国务院关于积极推进"互联网+"行动的指导意见》,从顶层设计了"互联网+"的长远目标,并确立了"互联网+"行动的总体思路、基本原则、发展目标、重点行动、保障支撑,对各行各业、各地方政府以及各部门的"互联网+"行动设计具有重要的指导意义。而随后各行各业、各地方政府以及各部门的"互联网+"行动计划纷纷出台,这在政策层面上为"互联网+"行动的实施提供了坚强的支撑。

②标准规范保障

到目前为止,各行业和部门还没有对"互联网+"制定出统一的标准规范,图书馆也不例外。因此,在中国图书馆协会既没有制定统一的"互联网+图书馆"标准规范,也没有制定支持"互联网+图书馆"的平台、工具与方法的统一标准的情况下,若想建设并发展"互联网+图书馆"体系,必定会遇到很多困难。如何解决图书馆管理和服务所面临的实际困难,并制定和完善"互联网+图书馆"相关的标准及规范,是图书馆在进行"互联网+图书馆"建设中亟待解决的问题。

③法律规范保障

就我国目前"互联网+"行动建设和发展的状况来看,我们还处于地方政府与行业"互联网+"行动计划或战略规划的研究或制定阶段,而且各地方政府、各行业甚至包括国务院所制定的"互联网+"行动计划或战略规划都是以政策文件的形式出现的,到目前为止还没有出台有针对性的、具体的法律法规,甚至有些"互联网+"行动计划、战略规划等依然处于政策发布阶段,还没有落实到具体的建设行动上。并且,政策文件的稳定性不高,而且其效力有限。在此情况下,制定"互联网+"的相关法律法规对于"互联网+"行动目标的实现具有重大的保障意义,对"互联网+图书馆"也是如此。

④技术保障

若想尽快实现"互联网+"行动目标,技术保障最为关键。互联网与各行业及服务进行跨界融合需要的不仅仅是"互联网+"技术方面的支持,更需要"互联网+"技术为其提供持续有效的保障。虽然现有的通信技术、互联网技术等已经取得了很大的进步,并且仍在迅猛发展,但处在研发试用阶段的技术还有很多,这些技术并不成熟,至少目前还不能为有些行业的"互联网+"行动提供技术上的支持,而想要得到有效的技术保障则更加困难。因此,保证"互联网+"技术快速稳定的发展,强化"互联网+"的应用是落实"互联网+"行动的关键。"互联网+图书馆"也不例外。

⑤安全与隐私保护

在"互联网+"时代,信息(数据)安全与个人隐私的保护是受个人和社会都十分关心的问题,这个问题并不单纯体现在技术层面上,同时也是属于法律范畴的问题。互联网的开放性、泛连接、扁平化和移动化使得"互联网+图书馆"网络系统更容易受到外界的攻击,信息(数据)与个人隐私极易泄露。因此,如何从软、硬件和管理等方面提升信息(数据)安全以及个人隐私的保护程度,如何建立完善的信息(数据)安全与个人隐私保护体系不仅是"互联网+图书馆"顶层设计时需要关注的一个重要因素,也是"互联网+其他行业及服务"进行顶层设计时需要思考的一个重点问题。

(4)"互联网+图书馆"运营体系

"互联网+图书馆"运营体系指的是用以保证图书馆功能体系得以正常运行的各系统的总称。运营体系能否正常发挥作用决定了"互联网+图书馆"建设目标能否实现。"互联网+图书馆"指导思想的贯彻、建设方案的设计、建设规划的制定、建设路径的选择、实施方案的执行终将会落实到运营体系上。"互联网+图书馆"标准规范和法律法规的制定、安全保障和隐私的保护都是为了保证"互联网+图书馆"运营体系能够良好运行。因此,"互联网+图书馆"运营体系要怎样才能科学合理地构建起来将是"互联网+图书馆"顶层设计时必须考虑的重中之重。

(5)"互联网+图书馆"功能体系

"互联网+图书馆"功能体系能否优质地发挥作用对"互联网+图书馆"建设目标的实现有很大的影响。不同于传统图书馆的功能体系以图书文献资源为中心来进行架构,在"互联网+"时代,现代图书馆的功能则主要包括存储信息、传递知识、服务社会以及资源开发和利用,互联网的深度介入将颠覆原有图书馆功能体系架构的基础,并对"互联网+图书馆"行动纲领的实施产生直接的影响。

①服务功能

在"互联网+"时代,大数据、云计算、物联网等"互联网+"技术不仅使文献信息资源的采访渠道更大程度上得到拓展,也使文献信息资源的载体形态发生非常大的变化,文献资源的数字化也逐渐成为常态,这样就可以为建设完善的文献信息资源储存体系,实现文献信息资源自由储存提供了坚实的基础和有力的保证。"互联网+图书馆"知识服务的实现过程是通过线上和线下共同来完成的。图书馆统一网络联盟的建立使图书馆知识服务的能力和读者知识获取的能力都得到了很大幅度的提升,网络连接的泛化性和读者的社群性构建起了"互联网+图书馆"多层次、多元化的协同服务创新动态体系。与此同时,大数据、云计算、物联网等技术的应用又使知识传播的智慧管理和信息资源开发的智慧控制、智慧分析及智慧处理都得以实现,进而满足"互联网+图书馆"下读者的即时需要和个性化需求。

②管理功能

文献信息资源载体形态的变化、文献信息资源传播路径的创新、文献信息资源服务模式的转变及文献信息资源大数据开发的利用,已经使图书馆以往的管理模式从根本上发生了改变。就管理的对象来说,"互联网+图书馆"的管理将不仅是对图书文献资源(物理形态)的管理,更重要的是对读者的管理,对信息数据(虚拟形态)的管理,以及对图书馆网络联盟的管理;就管理的主体来说,它不只是由图书馆管理人员组成,还包括读者、图书馆网络联盟的维护者等;就管理的方式来说,它也不再是传统的人工管理,而是借助大数据、云计算、物联网、移动互联网等新技术实行智慧管理。"互联网+图书馆"功能的发挥依赖于"互联网+图书馆"管理体系的构建。因此,若想实现"互联网+图书馆"顶层设计目标,构建一套完善的管理体系至关重要。

③环境功能

这里所说的环境指的是图书馆对知识进行存储、服务和管理的空间,是图书馆得以运行和发展的物理环境,是读者获取信息资源和服务的外部环境。在"互联网+"时代,图书馆若想实现知识服务资源的高效开发利用和可持续发展的战略,要实现"互联网+图书馆"顶层设计目标,首先面临的就是如何建设和完善自身本体功能,使其得到根本性的转变;其次是如何实现从物理图书馆到数字图书馆,再到"互联网+图书馆"的转变,最终才有可能达到绿色图书馆、生态图书馆、云图书馆和智慧图书馆的目标。从这个层面上来看,"互联网+图书馆"环境功能发挥的广度和深度,对"互联网+图书馆"顶层设计目标实现的程度起到了决定性作用。

④基础设施功能

"互联网+图书馆"的基础设施主要包括两种,一个是物理性基础设施,一个是服务性基础设施。前者主要指的是图书馆馆舍、书库、阅览室以及办公座椅等实体设施,而后者则主要指的是图书馆所拥有的能为用户提供信息服务的网络基础设施和软硬件资源等。

传统图书馆比较重视物理性基础设施建设和功能的发挥。但是在"互联网+"时代,若想建立统一的图书馆网络联盟,实现图书馆馆际的互联,同时还要满足用户的即时需要和个性化需求,就要加强服务性基础设施的建设才可以,只有服务性基础设施的功能得到最大限度的发挥,才能更快地实现"互联网+图书馆"顶层设计的目标。

⑤信息资源建设功能

在"互联网+"时代,计算机技术的不断发展和移动通信技术的广泛应用,使图书馆知识服务的物理世界和虚拟世界互联成为现实,为"互联网+图书馆"信息资源建设提供了有力的保证。可以说"互联网+"时代的图书馆就是一个信息的集散地,就是一个各种数据汇聚的中心。同时,"互联网+图书馆"信息资源建设也可以使图书馆管理和服务得到进一步完善和提升,从而使知识服务主客体之间的智慧互联能够快速实现。

"互联网+图书馆"信息资源建设首先是要全面建设移动物联和智慧互联网络,并通过建设移动物联和智慧互联技术实现"互联网+图书馆"知识服务需求的分析和处理。"互联网+"时代是无处不连的时代,全面建设高速的移动互联网通信渠道是"互联网+图书馆"实现信息资源建设和大数据资源开发及利用的前提和基础。云计算、移动互联网、物联网等新信息技术为"互联网+图书馆"大数据的开发及利用提供了技术支持,同时也为图书馆建立一个开放、共享、创新的统一平台创造了条件。与此同时,图书馆可以借助于专业化外包公司的知识服务与信息建设技术构建相应的专业化知识服务社区,并借助于专业化外包公司的专家队伍完成相应的知识服务和技术服务,提高专业分工效率和服务效率,改善图书馆的管理与服务效果。

作为图书馆行业或领域的"互联网+"顶层策略设计,必须具有科学性、全局性、统领性、可操作性,这样才能成为获得各方认同的标准规范,才能形成充分反映"互联网+图书馆"诉求的科学性、全局性的设计方案。"互联网+图书馆"顶层设计是一个复杂的、系统的、不断完善和优化的过程。不断完善的政治环境、不断发展的经济和文化环境、不断变化的用户需求、图书馆个体具体发展目标与整体发展战略等的变化都会对"互联网+图书馆"顶层设计提出许多新的要求。这就要求"互联网+图书馆"顶层设计在保持体系和结构完整的同时,还需要保持一定的开放性和动态弹性。

第三章　图书馆数字化管理系统建设

　　数字图书馆是存储各类图文并茂文献的、采用数字技术处理文献的图书馆,从根本上讲它是通过多媒体制作的一种分布式信息系统。其通过运用数字技术,将各类不同格式、不同载体以及不同地理位置的信息资源存贮起来,向全体对象进行跨区域网络传播与查询。从整体上看,其关乎信息资源检索、利用、加工、传输、存储的全过程。一般而言,数字图书馆是无任何围墙阻隔的一种非实体的图书馆,是在网络环境下实现共享、共建的支持扩展的知识网络系统,是分布式的、无时空限制的、规模超大的、支持跨库智能检索和无缝对接的、方便使用的知识中心,可以向用户提供高水准的、便捷的信息化服务机制。

　　与实体图书馆有所不同的是,数字图书馆对应的是各类公共信息传播和管理的现实社会活动,具体体现在各种新型信息传播服务与信息资源组织上。数字图书馆以图书馆的资源组织模式为参考,通过运用计算机网络通信等多种高新技术,基于存贮人类知识的目标的导向下,创新性地利用知识精准检索与知识分类的方式,予以信息排序与规整,让人们在信息消费时无须受限于空间因素,也可减小时间因素的限制。数字图书馆是传统图书馆的延伸,其既囊括了传统图书馆的作用,在所属领域内服务于社会大众,又将其他信息资源的若干功能融汇其中,在公共信息访问方面提供综合性的、系统化的服务。可以说,数字图书馆是未来社会公共信息的纽带。

第一节　数字图书馆信息服务模式

由于通信、多媒体、电子以及计算机等各项技术的迅猛发展,数字图书馆的发展可谓是突飞猛进。未来图书馆的发展重心依旧会放在数字图书馆上,当然也会兼顾传统图书馆。

作为数字图书馆建设的关键构成要素,移动数字图书馆既拥有数字图书馆的功能,同时其资源又有移动的功能。此处提及的移动功能指的是用户无须计算机即可检索、下载、浏览、阅读数字资源。依靠个人数字助理、手机等手持移动终端设备,用户就能享受到下载、查询、阅读数字资源等服务。

身为数字阅读的深层次化应用,移动阅读无须再依赖于网络、计算机、固定场地,能迎合用户数字阅读的随意性、移动性需要。将移动数字阅读引入到图书馆,必将大幅度增加用户使用数字资源的数量,提高对数字资源的利用率,改善图书馆服务质量,提升其服务水平。

数字图书馆的服务宗旨是使用户可无须受时空及区域等的限制就能获得其想要的信息资源。换言之,让用户能任何时间、地点、区域获得图书馆的信息资源。图书馆服务的发展也取得了新的进展,由以前的纸本书刊借阅服务发展至当前的数字图书馆服务,并逐步过渡到移动数字阅读服务。可以说,图书馆的服务已发展至新的阶段。近些年来,手持移动终端设备的数量在不断增加,变成了人们获得资源使用的主要设备之一。未来,移动数字阅读的发展将是大势所趋。

一、数字化图书馆信息服务模式的特点

(一) 数字化

在高速发展的数字化技术的推动下,图书馆可采取数字化的形式把若干电子刊物与馆藏发布至网络,促使此类资源可共享,用户只需要上网就能便捷地获取到此类资源。与此同时,图书馆的工作人员可收集并筛选已有的网络信息,以读者与用户的需要以及偏好为导向向需要享受信息服务的用户提供指导,使其能更便捷地通过检索获取到个人所需的信息与资源,提升图书馆工作效率。

(二) 个性化

当登陆数字图书馆时,用户可结合个人需要采用特定的服务模式。图书馆则会以用户提交的要求为依据,以数字网络为媒介向用户传递信息。此类个性化的信息服务能让用户居于主导位置,便捷地获得个人所需信息。

(三) 便捷化

信息服务发生了较大变化,从过去用户被动、单向接收信息变成信息服务提供者和用户双向互动,用户可结合个人意愿加入数字信息服务全过程中或者某些环节,采用计算机网络技术向信息服务提供者传递个人需要、偏好等诸多资料,而信息服务提供者则可依据用户的信息为其量身制作提供其所需的服务。同时,享受信息服务以后,用户可与信息服务提供者互动,后者亦可结合用户提出的建议与看法优化服务,努力提升自身的服务水平,改善信息服务质量。

二、构建数字化图书馆信息服务模式的必要性

(一) 网络信息技术的快速发展

网络技术与数字技术把位于全世界的计算机主机均串联起来,全部信息资源构成了盘根错节的、规模宏大的网络信息系统。基于此大环境下,图书馆必须不断做出改变,与时俱进,打造完善的数字化信息服务模式,采取领先的网络信息技术,立足于其交互化、人性化特点,高效、迅速传递网络信息资源,依托庞大的网络信息资源向用户创造便捷条件。

(二) 图书馆的发展目标与方向

传统的图书馆是储备信息资源的重要场地,近些年来现代图书馆逐步朝着集信息传递、信息资源储备、信息中转等功能于一身的数字化图书馆的方向发展。未来,图书馆一方面要收藏资料,另一方面要重视收藏信息资源,逐步朝着拥有信息咨询服务、信息传播等功能的信息服务中心的方向发展,使自身具有强大的信息存储能力、信息收集能力与信息传递能力。

(三) 满足读者个性化的需求

进入21世纪以后,涌现了大量新鲜事物,社会信息环境变得愈渐健全,对信息供应的范畴、数量与层次等的要求也日渐个性化。所以在后续发展过程中图书馆一定要强化力度使用网络信息技术与数字技术,结合用户的实际需求向其提供相应的信息服务,尽可能地使其个性化需求得到满足。

三、数字图书馆信息服务模式分类

(一)按照服务活动中各要素在服务模式中的重要程度划分

1. 资源产品中心服务模式

资源产品中心服务模式是针对信息资源的、围绕着信息服务产品的一种信息服务工作模式,信息服务人员在加工信息资源之后,促进其增值,创造出新的信息服务产品,然后通过某些方式向信息用户提供服务。基于此服务模式下,信息产品和信息资源是服务活动的核心,服务产品的生产与信息资源的加工是重点关注对象,但是会忽略信息用户的能动性以及信息服务人员的特定服务。基于现代网络信息环境下,该模式已不再适用于运用到数字图书馆信息服务中。

2. 用户中心服务模式

用户中心服务模式指的是在开展信息服务工作过程中以用户信息活动为切入点,在信息用户的信息需求的基础上,为了处理问题、迎合用户信息需要的一种信息服务工作模式。在开展信息服务工作时,要着眼于信息用户,结合其信息需要以及处理问题的信息活动需求,采取相应办法产出能满足用户所需的信息产品。该模式强调的是以信息用户为核心,且这一理念贯穿于整个信息用户信息活动的始终,是当前数字图书馆信息服务过程中常采用的一种模式。

3. 馆员中心服务模式

馆员中心服务模式指的是以信息服务人员为切入点,把信息服务人员当成中心的一种服务模式。基于该模式下,信息服务人员处于主动位置,且与信息服务工作的中心存在联系,所有工作的宗旨都是要为服务人员提供服务创造便利条件。从头到尾用户都是被动接受,不可加入生产信息服务产品行列,也没有选择权,在服务人员的信息服务工作中也无法充分体现用户的需求,其需求难以得到充分满足。

(二)按照服务体系中各成员机构间在开展服务活动中的关联程度划分

1. 分散服务是一种各自为政的、封闭的服务模式

基于该服务模式下的数字图书馆通常是从封闭的环境内不断发展壮大起来的,其不论是信息产品还是资源建设、提供服务抑或是构建系统均是通过独立体系建立起来的,数字图书馆之间不存在高效的协调与沟通,所有服务系统和资源都分散于不同面,呈现出点对面或者分散的点对点的状态,所有点面之间缺乏有效联结。实际上,数字图书馆发展伊始时期采取的信息服务模式是一种比较具有代表性的分散式服务模式。

2. 集中式服务模式

该模式指的是在打造数字图书馆的过程中严格依据统一要求与规范打造的数字图书馆信息服务和资源系统,其借助统一的、标准的协议搭建联系,集中化地提供信息服务和产品的一种信息服务模式。该模式强调,数字图书馆必须从系统建设、资源建设、传输协议的确定等处入手,严格按照标准化要求制定规划并付诸实践,其对建设者有相当高的要求,且执行难度较大,对资金的量也有一定要求。然而,若能建成的话,其发挥的效用要远比其他模式显著。

3. 集成式服务模式

信息集成服务是一个现代化的信息服务概念,是对信息资源、技术资源和人力资源进行融合的过程,是分布式服务的飞跃。集成服务一定要面向用户、面向任务,有明确的目标或主题。数字图书馆的

信息集成服务模式就是对具有差异性、分布性、管理的自治性的数字信息资源、技术、人员、机构与服务功能进行集成，实现对分散的数字图书馆资源系统的有效控制，使用户得到动态的并在时间和空间上一致的面向问题的全方位、多层次、多元化的信息服务，从而构建数字图书馆面向用户的高效能、综合化的信息集成服务体系。

4. 分布式服务模式

分布式服务模式指的是基于分布式网络信息环境下，采取网关协议、因特网以及计算机协同技术等诸多现代化通信技术手段为工作提供强有力的支持。所有数字图书馆均有独属于自己的知识仓库、检索系统以及数据仓库，各个数字图书馆节点可以采取某种公共协作方式对其他成员节点信息进行感知，把因特网当成数字图书馆之间的纽带，基于网络带宽允许的前提下实现用户和用户、专家和用户、馆员之间、各个数字图书馆之间、馆员和用户之间的信息实时交互。

第二节　数字图书馆的发展

一、数字图书馆的发展趋势

我国正在启动的国家"互联网+"行动计划将成为数字图书馆建设的重要推手，数字图书馆建设环境有望得到大幅度改善，其建设与发展将呈现以下趋势。

(一)网络技术的更新换代将大大提升数字图书馆的自动化水平

数字图书馆是通过运用数字技术进行信息存储、收集以及信息组织的,同时采取检索信息、计算机网络查询的方式进行运作的一种现代化信息系统。随着网络技术的高速发展,其网络技术的不断更迭难免会用于建设数字图书馆,从而有效提高数字图书馆的自动化水平。

(二)大数据为数字图书馆的发展提供了强有力的技术支撑

大数据又有海量数据之称,其指的是牵扯到的数据量规模十分大,不能在合理期限内通过人工方式规整为人们可解读的信息,大数据具有多样性、时效性、海量性、精确性等特点。在很长时间内,图书馆始终处于"供应文献"的状态中。由于许多大数据处理技术相继涌现,地方与国家在云计算基础设施投入大量资金打造云计算服务平台,并致力于研发图书资料云技术的软件服务应用,打造国家或区域图书资料资源建设云平台等,在技术层面为发展数字图书馆奠定了坚实的基础。在此大背景下,相信数字图书馆的建设将取得重大发展。

(三)协同发展将改变资源建设

实际上,在建设数字图书馆期间相关人员已清醒地认识图书馆要想完成核心业务,光靠一个部门是远远不够的,还需要与众多图书馆一起努力。

究其缘由,是由于图书馆的核心业务流具有不变性特点,然而其服务对象比较多元化。协同建设旨在避免图书馆被孤立,让当前资源建设窘迫现状得到扭转,达到信息共享的目的。为此,在管理机制方面应创建跨行业、跨地区、跨部门的协调机构,做好组织保证。在技术实现方面,要积极提供个性化应用服务以及集中式应用服务,使不同对象与不同领域的各种需求得到充分满足。在资源建设的方法方面,应当采取合作开发与独立开发融合的策略,确定利益分配原则,将相关主体的主观能动性充分调动起来。此外,为了防止出现重复建设的情况,应创建数字资源的相互查询系统。

(四)人才匮乏问题有望得到解决

与传统图书馆管理人员相比,数字图书馆的管理人员的业务能力与知识结构会发生显著改变。要想成为一名合格的数字图书馆的管理人员,一方面要有信息分类、描述、主题标引等信息组织能力,另一方面还要有信息控制、挖掘、检索、传播等实践应用能力,另外还需指导如何数据查询、提供数据服务、数据传递等,需掌握基础技能。由于数字图书馆的建设以及不断发展,人才匮乏问题变得越来越严重。幸好许多高校以及有关机构已意识到此问题存在的严重性,并开始优化改造原有的图书馆专业,组织传统图书馆的管理人员参与培训。相信在不久的将来,数字图书馆的人才匮乏问题将会得到圆满解决。

(五)数字图书馆的环境改善将大大提升服务质量

由于数字图书馆使用了大量的数字资源作为图书资源的主体,相对于传统图书馆,馆舍布局将发生彻底改变,纸质书库大量减少,原来的书架将由电子设备取代。能想象到的是,数字图书馆的空间布局与整体环境将更为重视艺术和科学的统一结合,阅读浏览与资料检索将更重视享受和技术的结合,数字图书馆的环境改善以后,整个服务质量也将得到有效改善。在数字图书馆中人的活动既包括索取知识,又包括精神享受。

二、知识管理在数字图书馆信息资源开发中的运用

（一）知识创新和知识重组——改变传统的"藏书建设"理念

传统图书馆的藏书建设更注重管理显性知识，也就是表达知识的记录型信息，却不注重个人诀窍、知识、工作技巧以及精力等隐性知识的管理。事实上，知识创新对隐性知识的作用更显著，隐性知识深埋于组织的结构、人的脑海以及文化内，是工作期间获取到的经验性知识，他人难以获得。所谓知识重组，其实就是对隐性知识进行高效组织与优化整理，对信息进行提取、凝练，找出暗含其中的富有价值的知识，对其予以集合组织，打造内含信息使用者需要用的有关知识信息的地址以及内容的知识库，从而进行知识创新与转换，进而达到知识交流与共享的目的。

图书馆的知识管理实际上就是一种公共知识的管理，其重心主要放在有效开发、运用、研究显性知识、用户或者馆员隐性知识的共享、沟通与创新，促进隐性知识与显性知识共享与转化、隐性知识的显性化上。致力于知识创新可以说是数字图书馆时代下图书馆员的职责，以图书馆的定题服务为例，将知识当成产品，而要想达到产品增值的目的，就一定得保证此类知识是最新的。图书馆管理员一定要提高对知识原材料的利用率，合理研究并掌握各类知识间的联系，创造并产出新的知识。

（二）知识仓库——数字图书馆资源建设的核心内容

从数字化领域上看，图书馆的重心出现了变化，已经逐步在朝着网上信息的管理、描述与服务技术发生转移。通过采取现代化技术，促进更多常用资源与特色资源实现数字化发展，使用元数据后深入分析探究网络资源，创建知识仓库。从性质上看，知识仓库这种信息

库相对比较特殊,其内的元数据有有关经验与语境参考。就数据库来说,知识仓库有的实体更多,其既贮藏了许多知识条目,还储存了大量知识使用记录、有关事件以及来源线索等。知识仓库犹如有机体一般,其生命力在逐步发生改变与优化。因此,要周期性地更新关于知识仓库中的知识评价内容。唯有如此,才可以提供更多、更全方位的信息源。

各类特色数据库是知识仓库的关键数字化资源,现阶段我国大量信息服务机构、图书馆以及商业公司都在致力于数据库的开发研究,这当中涵盖了专业数据库、自建的馆藏书目数据库、商品化数据库、馆藏期刊数据库。数字图书馆建设的重心主要放在网上全文数据库上,目前我国相对比较典型的中国数据库、中国期刊网、中国科学院科学数据库以及万方数据库资源系统等等。上述数字化学术资源均支持对内容的知识管理,且都可以做到在人最需要的时刻为最需要的人提供其最需要的知识。

三、推拉技术在数字图书馆中的应用

其实,在我们传统的图书馆中也存在着"推拉",它表现在当读者需要书籍时,会去图书馆根据书籍类别和编目进行查找或由图书管理员代查,这都是"拉"的体现,是用户主动地搜寻信息,图书馆提供的是一种被动的服务。传统图书馆中的预约体现了推的技术,读者填写好了预约单之后,当他所需要的书回库后,图书管理员就会给他发一个通知单通知他去借书,这是图书馆向用户提供的主动服务。

当然,这里我们所说的推拉技术不同于传统图书馆中的"推拉",而是一种新的网上信息服务技术,能够提供及时、主动的定制化服务。

(一)推拉技术简述

1."推""拉"技术的概念

"推"技术和"拉"技术是相对而言的,"推"技术指的是服务器以预先规定的内容为依据进行文件设置,而非以用户实时要求为导向向浏览器主动推送信息的技术。其与"拉"技术有所区别的是以用户需求为参照物,有针对性地、定期地向用户的计算机主动推送其感兴趣的信息。就如同广播电台播音一般,其把最新资料与信息传递给客户,用户无须上网即可进行搜索。

在"推"技术出现之前,人们通常选择在互联网的浏览器上查找信息。对于浩瀚的信息海洋,大量用户即便是付出高昂费用以及大量时间也很难拉取个人想要的信息。同时,信息发布者则企盼着能够主动而又及时地向兴趣度较高的用户的计算机推送信息,而非被动式地等用户拉取。"推"技术选择广播模式,是通过频道广播的形式让网上用户获取到一致的信息。一般情况下,网络服务器自带专业化水平高的推送软件产品,其主要用于创作并播送相关的信息内容。客户端则可依托个人电脑内安装的软件接收并呈现信息。一旦需提交新信息,那么推送软件会通过播放一个声音、发送邮件等方式向用户发布通知。通过运用"推"技术,能有效提升用户获得信息的效率与及时性。而"拉"技术指的是基于一定目的的导向下用户主动在网络上进行信息查询,在浏览器上用户向 Web 发出请求,让其获得所需要的信息。由于互联网的资源不断丰富且多元,身处信息繁杂的互联网环境,为了能够便捷地查询到有价值的信息,搜索引擎问世。搜索引擎是进入茫茫信息海洋的最佳法宝,所以又被称作网络之门。相关实践结果显示,搜索引擎是当前有效性最强的一种拉取网络信息的辅助工具。

2. 目前网上推拉技术的应用

现阶段,推拉技术被大范围地运用到互联网上。实际上,商业网站的信息发布以及网上信息的查询等大部分都运用了拉的技术或推的技术,下文中将进行详细的阐述。在电子邮件服务中其实也用到了推拉技术,当前许多网站采取推垃技术提供电子邮件服务,比方说当当网时常性地向我们的电子邮箱发送打折广告,无论你是否接受,信息均会发送到你的邮箱,此举就是采取推技术的信息传播模式的具体体现。与此同时,假设你自主在当当网搜索想购买的书籍,那么当当网会主动记录下你的查询信息,结合你的喜好定期将有关书籍信息发送给你,抑或是你本次查询的书目不存在,待下次上新或补货时当当网会向你发布通知,这属于当当网向你提供定制化服务。上述为一种用户先"拉"网站后"推"的信息服务模式。

(二)推拉技术的原理与工作方式

信息推送技术具有应用范围广、及时性好、对用户无技术方面的要求的优势,但其也存在不足之处,具体体现在很难迎合用户的个性化需求、信息缺乏针对性这两方面上。信息拉取技术的优势包括可以迎合用户的个性化需求、具有较强的针对性两种,但是其不够及时,对用户有着较高的要求,必须掌握了相关检索技术的用户才能使用该项技术。而信息推拉技术是前文所述两种技术相互结合、取长补短之后的结果,以结合方式以及拉、推结合顺序的不同为划分依据,其主要可分成下列四种推拉模式。

1."先推后拉"式

先及时地推送最新信息(更新的动态信息),后有针对性地拉取所需的信息。这样便于用户浏览信息变化的新情况和趋势,从而动态地选取需要深入了解的信息。图书馆将相关方面的新书及其内容简介直接送到读者的计算机。读者获取信息后,登录到该数字图书馆有针对性地搜索相关书籍。这种做法不仅大大提高了数字图书馆的访问率,有利于促进图书馆事业的发展,同时,也有利于我国的文化建设。

2."先拉后推"式

用户先拉取搜索所需信息,可根据用户的兴趣,再有针对性地推送相关的其他信息,如个性化的图书订阅。

3."推中有拉"式

在信息推送过程中,允许用户随时中断、定格在所感兴趣的网页上,并进一步搜索,主动拉取更丰富的信息。

4."拉中有推"式

在用户拉取信息的搜索过程中,根据用户输入的查询信息,信息源主动推送相关信息和最新信息。在数字图书馆领域,图书管理员将书籍信息存入书籍数据库,供读者检索查询;将读者需求信息存入需求数据库,对供需信息进行匹配,把经过排序和过滤的信息再推送给用户。信息的匹配是一个复杂过程,不仅要考虑到书籍的类别,还要考虑读者的文化水平等因素,这就需要利用人工智能技术进行分析和处理,使读者最终得到一组符合条件的信息。

(三)推拉技术与数字图书馆的结合

"推"技术可将实用的信息"推"给感兴趣的用户,使用户可以坐等信息到来,它可以实现数字图书馆信息的传播和发布。"拉"技术指用户有目的地在网络上主动查询信息,用户从浏览器给 Web 发出请求,由 Web 获取所需信息。当用户需要某方面的书籍时,只需坐在办公室或家中就可以通过网络进行联机浏览、检索和套录世界上任何一个开放的电子图书馆的信息资料。因此,推拉技术是我们在数字图书馆有效实现信息和知识检索、传播发布的重要手段。研究更为完善的推拉技术、更方便和智能的信息获取方式是我们数字图书馆中的重要课题。

1. 推拉技术在读者信息获取方面的应用

借助数字图书馆内的搜索引擎,用户能通过网络直接得到所需信息。从这点来看,这种方式要比传统服务方式更为主动。然而从本质上看,依旧属于被动服务方式。究其缘由,是因为从信息传输方式上看,其要求用户在浏览器服务器上将服务请求发布出去,由服务器从现有的信息资源内展开查询,然后向浏览器所处的计算机传输处理结果。

采用"拉"技术时,浏览器居于主动位置,服务器仅仅是结合浏览器的实际请求被动地发布信息罢了。而采取"推"技术时,数字图书馆一方面要被动式地服务于全网用户,另一方面要在技术方面对一些特定用户群进行锁定,向其提供专题信息服务,这样既可以减少用户在网上查询信息的时间,提高查询效率,又能提升信息服务效能。就一个数字图书馆的 Web 站点而言,唯有创建专业信息服务频道,才能有目的性地向用户主动推动信息。其工作原理为:用户登录至图书馆站点,将获得主动推送信息服务的申请提交上去。图书馆 Web server 会向用户发送一个申请表单,其内含密码、用户名、关键词、推送周期、所需信息的主题、要查询的数据库、推送信息的地址等内容。在将申请表填写完毕后,用户向图书馆 Webserver 提交,然后由其负责向推送服务代理传输用户的查询要求、特征信息等。推送服务代理结合用户请求,在用户信息库与用户特征信息库内分别增设一条记录,二者分别为负责记录用户企盼得到信息的数据库以及负责将用户需求特征信息记录下来的数据库。同时,其会在充分考虑到用户要求的前提下每隔一段时间向查询代理传递用户的查询续期。查询代理会以推送服务代理提交的用户要求为依据,每隔一段时间对相应数据库进行检索,并向推送服务代理反馈查询结果。接收到查询结果后,推送服务代理会结合用户要求按时向用户指定的地址推送最新信息。

站在系统论的立场上讲,基于 Web 站点的信息服务效果的优化流程多,比较繁复,需要消耗很长一段时间。因此有必要合理控制信息加工、传递、收集、处理、利用、存储、整理等环节,不断优化信息系统,从而起到优化服务、改善服务质量的目的。

2. 推拉技术在数字图书馆采访工作中的应用

采访就是收集馆藏文献信息,输入图书馆文献信息处理工作过程中涉及的信息。采访的工作职能主要体现在大范围地收集各种文献的发行信息与出版信息,结合本馆读者的实际需求与实际情况,挑选并采集能够迎合读者潜在需求以及当下需求的文献。

传统的文献信息源包括出版发行单位编印的书目、公开发行的报刊等诸多印刷型书目信息,主要通过邮购、预订、选购等方式得到文献。在传统图书馆内,采访人员往往是被动得到出版单位的书目信息的,且信息相对零散。而数字图书馆所采取的方式与之前不同,计算机可以在全球范围内收集文献信息,而不仅仅如同传统收集方式那么局限,可借助互联网对出版发行者的网站进行访问,收集文献信息,同时基于电子商务系统的认可下实现全天候采集文献。如此,既有效提升了文献到馆率,又能使预订周期缩短。此外,人们可采取网上信息推送技术在各大出版商网站发布自己所需书籍。如此,一旦出版商具备此类书籍,其可以第一时间向我们发送书籍信息,如此既能有效提升工作效率,又能减少采集所需消耗的时间。

从整个图书采访工作的实际情况上看,收集读者的看法与需求至关重要。但是,传统图书馆难以将该项工作做好。究其原因,是因为传统图书馆收集信息的范围较小,仅限于一些读者,同时需要消耗许多人力,收益欠佳,信息反馈的时间比较长。倘若运用信息推送技术的话,相关人员可以设计一个专门征集读者看法与意见的网页,并向校内读者的计算机系统传送。如此,凡是对图书馆工作比较重视、且注重自身利益的读者均会耐心地填写相关信息。毋庸置疑的是,这将大幅度减少信息反馈与信息采集时间,同时得到的信息也将有利于我们开展后续工作。

(四)推拉技术在数字图书馆中的应用前景

信息拉取技术和推送技术应相互结合起来,扬长避短,基于此将知识发现、人工智能、数据库与网络等多项技术融入其中,逐步建立起智能信息推拉技术。实际上,该项技术是现阶段数据库系统等诸多信息系统在信息方面服务于用户的大方向。通过引入智能信息推拉技术,可以有效提升数据库与网络的智能水平,真正地将拉取技术与推送技术使用期间碰见的问题妥善地处理好。比方说,怎样向不同用户提供个性化信息服务、怎样在众多信息中将有价值的信息提取出来等。IIPP 技术采取了知识工程(KE)的知识推理搜索方法以及人工智能(AD)等多项技术,成功地将"智能信息拉取"(IIPull)与"智能信息推送"(IIPush)密切结合起来。

如此,信息提供者可据此对用户的喜好做出精准预测,向用户及时、有效地推送对用户更有价值的信息。同时,对用户而言,其可以减少在信息源内拉取最新消息所消耗的时间。随着 KDD 技术与人工智能技术的广泛运用,网络的智能化水平得到有效提升,人们可在拉取信息、推送信息时找出规律,提取出用户的兴趣度最高的、最为注重的、价值含量最高的信息,使用户筛选、搜索所需信息的工作量减少,效率提高。

从整体上说,未来数字图书馆将朝着存储图书馆藏品的数字化、利用与搜索的网络化、组织的数字化方向发展。从研究内容上看,现阶段数字图书馆的研究重心主要放在以下三个方面上:

第一,数字化藏品的加工处理的智能化、自动化发展。现阶段,因特网资源以及图书馆藏品的分析、索引以及摘要基本上是通过人工操作完成的,工作量较大。对其自动化的聚类分析、摘要与索引以及基于内容的自然语言分析还处于初始阶段,相关研究得出的结果有助于提升图书馆工作质量以及效率。

第二,数字图书馆的研究应当做到与时俱进,注重创新。从根本上讲,数字图书馆的诞生与发展是传统图书馆服务方式以及媒体优化变革的结果,同时其也要依托自身网络化以及数字化优势,发散思维,不断扩充功能,积极展开探究,看是否有新路径可服务于学术研究与教育,比方说实验室、电子期刊、电子书籍等文化源于在线教育、全球性、跨语言的知识库等。

第三,以人为本,重视使用数字图书馆期间人的感受,站在用户的角度考虑问题,对人机界面、人机关系展开分析与探究,重视人性化服务,缩减对使用数字图书馆期间用户的干预等。信息服务涵盖的功能有:整理(负责对资源进行分类处理)、导航、知识发现、过滤(在许多信息内择出满足要求的信息),此类功能均为推动信息服务朝着个性化主动服务发展必备的功能。

通过使用"Push – I – Pul"的方式,服务器既可以向客户推送信息,又可以依据客户事先设置的发送要求与触发事件,在符合相关条件的情况下自动将信息发送给客户。实际上,真正意义的个性化应为主动的、动态的,当确立初始规则以后,系统可对用户的使用倾向进行自动跟踪,综合利用人工智能的推拉技术,可以使图书馆更好地服务于读者,满足读者的个性化要求。

第四章　图书馆信息服务与管理的优化创新

图书馆经历了漫长的发展过程,由图书资料中心至情报资料中心,然后至信息情报中心,直到现如今的数字化、信息化图书馆与公共信息资源中心。与此同时,图书馆的资源形式与服务形式也出现了根本改变。站在广义的角度上看,信息服务所涉猎的领域较多;站在狭义的角度上看,信息服务指的是信息加工、收集、存储及传递等社会化经营活动。基于信息技术迅猛发展的大环境下,信息无处不在。图书馆的信息服务其实就是立足于传统的文献服务,向用户提供品质优良的、周到的服务方式,从人们生活中的信息内提炼出精髓。图书馆信息化服务可以说是图书馆业务优化转型改革的结果,是社会发展的大势所趋。

第一节　图书馆信息服务简述

一、图书馆进入信息服务时代

(一)图书馆信息服务的特点

信息时代的图书馆信息服务旨在为更多用户必要的分布式异构

化的数字信息产品和服务,满足信息用户的需求以解决实际问题。更具体地说,图书馆信息服务是对收集而来的文本、图像、影音、软件与科学数据等数字信息进行进一步提取与加工,将加工好的信息以科学性的方式进行保管,实现知识信息价值的保存与升级,同时在广域网上实现高速跨数据库链接的横向存取服务,也包括知识产权存取权限、数据安全管理等。

现代图书馆信息服务与传统图书馆的明显区别是现代图书馆是一种更为高级的服务形式,它与传统图书馆服务形式最大的区别就在于,它既把信息技术作为实现更高品质服务的载体,同时也充分利用了技术带来的机遇,将网络技术与科学技术融合进自身的体系中,让现代图书馆在服务内容、载体形式、服务形式与服务手段与方法等诸多方面更具优势。具体表现为以下几点。

1. 信息资源数字化,资源规模迅速扩大

信息资源数字化是指以计算机可读的形式存储信息,即将传统印刷载体信息进行数字化处理,再对处理好的数字化信息的直接采集或存储,或者运用各种书写、识别、压缩和转换等技术直接下载和存储。随着信息技术的广泛发展,逐渐出现了一些从未有过的信息形式,如缩微型、视听型、联动型电子资料、多媒体数据库等。大数据的信息化时代,人们的社会生活中充斥着大量的信息,由于数量巨大,且这些信息时常处于无序的状态下,人们无法对信息进行准确的筛选,导致信息利用的盲目化。所以,图书馆信息服务的主要目的就在于在信息资源规模不断扩大的前提下,用更少时间为用户提供最具价值的可用信息。

2. 服务内容的知识性、多样化

信息技术背景下的图书馆信息服务的关注重点不仅仅在传统的文献资源上,更体现在对知识的利用上。科学技术带来的知识革命越来越强调信息资源开发与利用的重要性,因此,图书馆的信息服务

不只提供多方面有效的信息知识资源,而且为用户提供了直接有效地解决现实问题的根本方法。

3. 服务方式多元化、多层次化

随着经济全球化、一体化、网络化的发展,图书馆资源体系越来越开放,用户也越来越向更高、更好、更快的方向陆续提出更多的需求。因此,信息技术部门应加大对信息分类的研究力度,对多领域、多学科的知识进行更加细化和专业化的划分,面向社会发展的新动向不断提出相应的、全新的信息服务方式,以适应社会发展与用户需求,这种服务的方式是主动的、多元化的、多层次的。

4. 信息存取网络化

信息化图书馆的发展必须以网络环境为载体,依靠互联网,人们可以自由获取世界范围内各学科以及社会各领域最前沿的科研动态与交流成果。网络传递将人们之间的交流变得更加方便快捷,人们可以通过网络建立起非正式的交流模式,传递不同的信息资料。互联网的重要价值就体现在建立起人与人、人与世界之间的共享交流,利用无所不在的信息高速公路,实现信息资源的快速高效传递与接收,即信息存取的网络化。信息资源的交流与反馈在高速网络环境背景下变得更加迅捷高效,它摒弃了传统的信息资源的交流模式,使得分散的信息资源得以整合,并以数字化方式进行存储,利用互联网的互通功能,实现信息资源的实时提供、即时使用。在数字图书馆信息服务系统中,经过整合的数字信息资源可以在开放空间中流畅、自由地传输,不受时间和空间的限制,用户可以根据自己的具体需要自由存取这些数字图书馆信息资源。

5. 信息资源共享化

在经济与科学技术高度发展的今天,人们对于信息资源最高的理想是在数字化资源的基础上,依靠网络技术的高效性与快捷性,实现信息资源的跨时空共建共享。数字图书馆的构建冲击了传统图书馆的运行模式，打破了资源共享的限制，使得图书馆可以利用网络技术、通信技术等获取自身不具备的数字信息，同时也可以将自身固有的馆藏资源共享给用户。信息资源的共享化极大程度地提升了信息资源的数量，整个社会的信息获取能力也得到了增强。

6. 服务环境开放化

在网络技术出现之前，图书馆的服务工作受到地域和空间的限制，受众群体仅限于进入图书馆的一部分人，服务工作的内容与形式相对单一。图书馆馆际之间、图书馆与社会之间得不到很好的交流，使图书馆长期处于闭塞的状态，自身发展停滞不前。在信息化时代，计算机网络的利用使图书馆工作经历了重大变革，图书馆的服务环境由封闭走向开放，数字图书馆的形式大大拓展了图书馆信息交流与服务的范围。在信息化、网络化背景下，图书馆真正进入共建共享、共同发展的新阶段。

（二）信息化社会对图书馆信息服务的新要求

1. 服务内容质量化

在信息化社会网络环境下，图书馆信息服务内容的转变主要体现为在多元化服务网络基础上，综合各类别、各层次的信息，为图书馆服务提供广泛而丰富的信息源，即可以满足用户需求的信息媒体的信息类型和多样化的信息，如文本类型、数据、图像/视频、音频、软件等。图书馆的信息服务主要从传统的注重知识需求向注重知识与事实并重转变，突破传统图书馆以文献服务为主的固有形式，转变为提供多元化、全方位的综合数字化服务，对具有高价值的多媒体数据如图像、音频、视频、文本等加以收集、整合、加工、存储与管理，并提供高速网络中的电子访问服务的权限。

面对资源极为丰富的网络环境，如何在获取信息资源的同时降低时间成本是一个重要的问题。因此,为了吸引用户,信息服务仅仅重视信息资源的数量是不够的,还应该将更多的关注点投入加强信息资源的质量上。面对生活中充斥着的大量鱼龙混杂的信息,用户的更期望得到更优质、更具价值的高品质信息资源或增值信息。对于图书馆来说,最重要的是需要将网络中相对零散、孤立的信息进行整合与综合分析,进一步进行信息的精品化处理,这是现代图书馆的重点工作内容。信息的精品化处理,主要是指对零散信息进行整合与分析,判断其内在价值,对其内容进行比较、筛选、过滤与提取,保证最后得到高质量的精品化信息资源。另外,在检索方式上,图书馆应提供全文服务或根据用户检索问题的具体要求和特征,为用户选择相应的工具或综合利用多个系统与工具解决实际问题。

2. 服务对象社会化

传统的图书馆服务工作内容相对狭隘,其服务范围仅涉及进入图书馆的一部分人。随着社会信息化的普遍发展,信息交流的日益广泛,人们的信息需求呈现出开放化、社会化的趋势。在这种条件下,图书馆想要得到长足的发展,必须依托网络信息化环境,从根本上转变服务模式。网络将来自世界各地的信息资源统一、融合为一体,构成网络资源共享体系的一部分,同时也将源自世界各地、不同需求的用户整合到资源共享体系中,形成了具有特色的网络服务体系。图书馆是网络资源共享大环境下的重要组成部分,采用现代先进的技术服务手段,可以打破传统时间和空间上的限制,使服务对象扩大到社会全体,实现图书馆信息服务的跨行业、跨地域延伸。

3. 服务功能一体化

从用户需求角度来看,信息化社会网络环境下的图书馆服务应具有完备的信息检索功能、信息咨询功能与信息提供功能。为达到这一目标,图书馆应提供最直观、最直接的全文信息浏览、数据下载、数据传输和信息咨询服务、信息发送、网页制作等网络信息服务。

提供综合信息服务的原因在于技术的发展实现了网络信息系统的建立,包括范围广泛的信息采集系统、高速运行的信息处理系统等。

4. 服务项目深层化

在网络还未出现的一段时间,图书馆的服务形式还主要以传统的文献提供、咨询服务和浅层形式的专题服务为内容,很少关注人的需求与信息服务质量等问题。随着计算机技术的发展与网络信息化程度的提高,信息的提供与检索方式更加简单和快捷,这就为图书馆开展更高层次的服务奠定了基础。技术的升级带来的检索方式的根本性转变有效提高了检索的效率,提高了信息资源的利用率。因此,现代图书馆在网络信息环境下应抓住机遇,将信息服务的重点专注于为用户提供更深层次的信息服务,即根据特定用户的需求对收集的信息进行整合与重组,有针对性地提供二次加工的精品信息服务,利用网络开展高层次咨询服务。

5. 服务手段现代化、服务方式多元化

在信息网络化境遇下,现代图书馆信息服务的提供方式、管理方式与传统的图书馆服务方式有明显区别。传统图书馆的主要载体为纸质文献资源,检索工具形式也较为烦琐,主要依靠人工进行,运用卡片式、书本式的目录索引和摘要等手段进行手工检索,耗费时间较长,效率低下。现代图书馆的信息服务方式更加现代化,服务方式也更加多样化。网络可以为图书馆提供灵活、快捷、方便、实用的检索方式,其内容涉及网络中各类数据库、电子文献资源、电子图书等。网络检索方式的完善有效促进了信息数据化、方法自动化、服务网络化与信息服务多元化的实现。

6. 服务重心的转变

传统图书馆的服务重心主要在于图书与文献材料的借阅上,服务形式较为单一。而现代网络技术背景下的图书馆的服务重心则有

了显著的改变,其信息服务的重心在于整合自身体系内和网络环境下的资源信息,提供给广大用户使用。图书馆应加强网上书目数据库、索引数据库、文献数据库、指南数据库等多种数据库的建设。一些具有特色的图书馆可以依靠自身性质与资源优势,确定重点服务范围与服务内容,广泛收集符合自身特色的文献信息资源,构建起独具特色的信息资源系统。信息资源系统的构建要以标准化、规范化、协作化为出发点,注重对网络信息的有效处理。图书馆的服务应以读者和用户的具体需求为基准,运用网络技术进行信息查询、检索、分析和咨询,确保用户获得最新的、准确的、快速的、完整的服务。

二、图书馆开启信息服务新模式

(一)图书馆信息服务模式的特点

网络信息技术的快速发展、用户信息服务需求的改变、图书馆向现代化转型的召唤,如此等等,这些都在助推着传统图书馆向现代图书馆转型的进程,一言以蔽之,图书馆的现代转型迫在眉睫。同时,图书馆的现代化转型也为图书馆在未来一段时间的发展指明了方法和思路,是图书馆永葆生命力的关键所在。

当前,人们已经迈入知识经济时代,知识化、信息化成为这个时代的特点,人们对于知识的需求日渐迫切和多样,而图书馆作为人们获取知识的重要渠道,如果仍然故步自封,那么必将被时代所淘汰。正因为如此,传统图书馆必须转变传统的采购书籍、借还图书的固有观念,借助信息化时代的东风,迎难而上、主动作为,将纸质信息和电子信息结合起来,满足当今时代人们对于信息的多样性、无形性、丰富性需求。例如,图书馆可以将新知识、新技能作为重点,将它们和自身固有的资源和优势结合在一起,实现图书馆服务的转型和升级。具体而言,网络化、信息化时代,传统图书馆的服务模式已经发生了根本性转变,开始呈现出一些新的特点。

第四章 图书馆信息服务与管理的优化创新

1. 用户服务是图书馆生存与发展的需要

当今时代网络信息技术的快速发展也为图书馆的发展带来了新的挑战。互联网的蓬勃发展,使知识与信息触手可及,人们只需要经过简单的检索操作便能够得到大量的信息,这种方式使得人的信息需求得以快速满足,这也导致人们对图书馆文献信息资源的忽视。这不禁会引入思考,在现代社会图书馆是否还有存在的必要。而对于这一问题,答案当然是肯定的。

首先,相对于网络阅读而言,传统的阅读方式具有一定的休闲性与随意性。人们可以在书香的氛围中享受阅读所带来的愉悦感。而且,网络阅读容易造成视觉疲劳和辐射危害。总的来说,图书馆的发展面临着网络、技术发展的多重挑战,图书馆必须依靠自身服务活动的提升以期在竞争中取得优势。

网络的发展不仅为图书馆带来挑战,同时也为图书馆的发展带来了机遇。网上服务是图书馆发展的必然趋势,面向大众是图书馆服务的基本理念,而在日益激烈的网络竞争中,图书馆应加大技术投入,建立资源数据库,构建起具有特色的网络虚拟图书馆,通过开展网络服务,实现读者信息资源的实时接收,使丰富的馆藏文献资源深入万家。

2. 由柜台式服务向自助式服务模式转变

现代科学技术的高度发展带来了信息存储技术的革新,也为信息资源由传统印刷型转变为数字化信息提供了前提。随着现代计算机技术和网络通信技术的发展,数字化资源信息的普及与应用,图书馆的馆藏资源在数量和质量上都得到了明显的提升,主要表现为:第一,计算机技术的广泛运用,使得网络通信环境下,资源的利用效率明显提升。人们可以足不出户地访问网络和图书馆线上资源,打破了时空的局限性;第二,现代多媒体技术的应用,丰富了信息资源的存在形式,由最早的纸质文献逐步发展为数据化形式的电子信息资源,同时,由于电子信息资源涉及的内容广泛,如影音、文本、图像等,这些形式较之普通的纸质文献更能吸引用户的兴趣;第三,图书馆的信息储存技术的日益发展,使图书馆的电子文献材料占有量不断扩大,图书馆的借阅能力得到了大幅度提升。

3. 服务品牌化

品牌对于一个企业来说是其内在精神的象征,也是其区别于其他企业的特色所在。图书馆树立品牌形象是其发展的需要,打造品牌服务,就需要图书馆将自身的服务做到规范化、个性化和品质化,将品牌理念通过宣传或服务渗透到用户的心中。另外,图书馆的品牌化有利于提升图书馆本身的服务水平与质量,为图书馆完善自身的竞争力,取得竞争优势提供保障。图书馆应充分发挥自身的服务功能,在服务过程中总结经验,逐步形成独具特色的服务模式,让用户在图书馆中能够受到周围环境以及文化环境的熏陶。面对人们日益增长的信息需求,图书馆必须站在创新的视角下打造品牌服务,这样的优质化服务会为图书馆赢得更大的市场份额,带来可观的经济效益与社会效益。

4. 形成图书馆服务文化

图书馆的服务过程实际上是一种文化传播过程。对于馆内服务人员来说,图书馆的服务文化是馆员必须遵守价值观念,但是这种文化渗透到馆员的心中将成为一种具有主动性的精神力量。馆员通过自身的服务行为体现出对图书馆服务文化的理解。优秀的图书馆文化应该是一种积极正向的精神力量,使馆员发自内心地接受,并将其转化为自身服务行为的准则,提供更优质的服务,确保用户满意。

5. 向知识服务形态发展

知识服务是指图书馆服务人员依据已细分到"字词"级别的知识单元,深入信息资源内容和专业领域,按照用户生产、科研、教学和学习的指定需求,参与问题的全过程,向用户提供全方位、高水平的知识单元的服务形式。知识服务重视分析用户的实际需求,它专注于为用户提供准确的方案,以保证用户信息查询、分析与组合的可行性。知识服务贯穿用户知识的获取、分析、组合与应用的始终,并根据这一过程的变化适时调整服务的方式。

6. 服务提供主体专家化

图书馆员作为图书馆服务提供的主体,首先要求他们有较高的政治思想文化素质,乐于奉献,勇于创新和实践,必须掌握各类信息的获取与收集能力,具备一定的信息知识组织与处理能力,帮助用户解决知识获取过程中遇到的各种问题。面对社会服务的新需求,图书馆员必须既具备图书馆管理的理论知识,同时也应具备多方面的管理技能与实践能力,只有馆员加强服务意识,提升服务手段,才能适应知识经济社会的要求,才能推进信息社会的不断发展。

7. 用户需求个性化、专业化

现如今,由于信息获取的便利性,使得人们对于信息资源质量的要求明显提升。信息资源具有多元化特点,其类型与种类纷繁复杂,内容多样,人们很难依靠自身选择适合的信息。因此,图书馆亟须构建个性化服务机制,满足用户的特色需求。通常情况下,用户的个性化需求是针对与某一特定的专业领域,此专业领域的用户可能具有相同或相似的知识需求,这类用户可以组合为一个独有的用户群体,知识服务可以根据这一独有的用户群体的成员特点、需求特征以及专业领域进行检索和划分,为用户提供兼具个性化与专业化的知识信息。图书馆应采取积极有效的策略,塑造个性化服务,这是未来图书馆的立馆之本。

8. 服务内容技能化

在竞争激烈的市场经济条件下,只有图书馆进行自身内容与服务方式的完善是远远不够的。图书馆对馆藏的信息资源进行整合与创新,图书馆员对自身修养与个人技能进行提升,可以保证为社会、为用户提供高质量、高层次的知识信息服务。然而,社会用户是接受知识与服务的主体,用户专业素养以及技术运用水平的提高会对知识资源的利用效率产生很大影响,这也为图书馆提出了新的要求。目前很多用户具有知识获取的需求,但是并不具备相应的检索信息的能力与技术,进而导致用户知识获取的能力弱,获取的知识质量较差。因此,图书馆应重视培养用户的信息意识与创新意识,提升用户自身的专业操作能力,适应科技的进步。与此相协调,图书馆应形成以提升用户的知识利用意识、知识利用能力和现代信息技术应用能力为主的层次化、功能化的现代化服务体系。

(二)图书馆服务模式的影响因素

1. 资源因素

图书馆是知识信息的主要载体,也是知识信息的服务部门。图书馆的根本职能是对各类知识信息进行收集、整理、加工、存储、管理与提供利用,因此,图书馆拥有丰富的文献信息资源,知识涵盖各领域、各学科。在网络信息技术出现之前,图书馆的馆藏资源主要以纸质化的书刊、报纸等为主,随着信息化水平的不断提高,图书馆的文献资源形式也越来越丰富,既包含纸质书籍、期刊等文献材料,又包括大量的数据、电子信息构成的数据库资源。现代图书馆在科学技术的支持下,其内在信息资源具有良好的系统性和科学性,既能够为用户提供准确的、有序的知识,也能够为社会提供完整的、系统的信息。

2. 设备因素

图书馆发展至今一直十分重视与社会的发展步伐相适应,对于先进技术与设施设备的利用基本处于前沿领域,计算机技术的出现与应用,更新了图书馆相应的技术手段。局域网、因特网的搭建,使得世界范围内的信息资源交流通过远程通信技术成为了可能。电子信息化设备的引进与应用,则进一步提升了图书馆的服务内容与服务方式。网络时代下形成的数字图书馆,使用户可以在任何地区进入图书馆网络系统,接受快捷、完善的图书馆信息服务。

3. 人员因素

图书馆的人员构成力量对图书馆的整体运行与服务过程有着深刻的影响。如果这些从事信息服务的人员具有丰富的信息知识收集、整理、加工经验,那么会对图书馆的信息服务调整产生正向、积极、准确的指导,使图书馆的信息服务更具优势。具有丰富的信息资源建设实践经验的人员往往更容易适应新社会环境、新技术带来的变化,并能够依据社会形势形成全新的信息服务观念,为图书馆的信息服务提供更加科学、准确的实用性建议,使图书馆在社会中更具有竞争优势。

4. 技术因素

影响图书馆服务模式的技术性因素主要是指信息处理技术。图书馆在长期的技术工作支持下,积累了相当丰富的网络管理、资源管理、用户管理的时间经验。通过信息处理技术的不断更新与发展,基本保证了图书馆信息资源的利用率,使得更多的社会资源得以开发和利用。信息处理技术是影响图书馆整体发展和更新图书馆信息服务模式的一个关键因素。

5. 社会地位因素

长期以来,图书馆承担着社会知识与文化的收集与保管工作,为社会成员平等地享有信息资源的获取、利用的权利提供了基本保障。这些深入人心的工作使得图书馆始终在社会中占有一席之地,在社会全体成员心中有着良好的社会形象。无论是从图书馆的功能性,还是从其服务性来讲,图书馆作为信息资源最重要的载体的这一社会地位是不可动摇的。

第二节 图书馆信息服务创新体系构建

一、树立品牌服务意识,开展特色化服务

图书馆素来被人看作是知识与文化的殿堂,其有着一定的美誉度、影响力与可信度。凭借着自身所拥有的独特的人力资源优势、广泛的用户群体以及信息资源优势和技术优势等,图书馆在进行营销经营时较为便利。但是,身处日趋激烈的信息服务竞争市场,如果图书馆依旧盲目地讲究全和大,缺乏独具特色的服务品牌与服务内容,抑或是依旧秉承传统的保守服务观念,必定会逐渐弱化,失去竞争优势。所以,图书馆应积极转变发展观念,树立营销意识与品牌服务意识,在充分考虑到服务目标群体与馆藏资源特色的前提下重新确定信息服务的发展方向,确定自己可占领与进入的服务领域,建立自己的品牌,形成自己的特色。而要创建图书馆服务品牌,就必须在同行业内开展特色服务,产生差别优势,积极采取品牌营销策略,吸引用户,受到用户青睐。

特色服务是创建品牌的基础,但是不可盲目开展特色服务,应切合实际,有的放矢。对图书馆而言,其应结合自身肩负的任务以及所处的服务领域,在纵向、横向比较研究之后深入探讨,将物力、人力、财力投入到已定的服务项目中,最大限度地增加信息产品的附加值,使自身具有不可替代性。

二、分级管理信息运动阶段,提高信息服务质量

(一)加快馆藏信息资源的采集和传输,提高信息服务的及时性

采集馆藏信息资源时,应结合用户的信息需求采集价值较高的、针对性强的信息资源。这就突显出深入了解并掌握用户的信息需求的重要性,这是采集信息资源的基础,就用户而言,唯有对口的信息资源才有价值。同时,信息具有第一时间性,网络化数字资源也好,传统的印刷型信息资源也罢,其均有时间第一性。所以,图书馆员要积极采集信息,及时向用户提供信息,提升信息服务的效能与及时性,这也是大部分图书馆要开设新书阅览室的根结。通过采集信息、加工信息,依靠有效、合理的运输,向用户提供服务,但是用户获得服务的及时性也会受到传输工具与传输速度的影响。所以,在馆藏信息资源的生命周期内要缩短传输时间,提高对各类传输方式的科学利用率,积极转变传输模式,依托计算机与网络优势,融汇多种信息服务方式,向用户及时传送信息,以此在缩短用户耗时的同时,最大限度地发挥出馆藏信息资源的价值,扩大服务效益。

(二)科学地存储馆藏信息资源,提高信息服务的可获得性

"可获得性"是评判图书馆信息服务水平的标尺之一,特别是在新时期信息服务的可获得性将会对图书馆用户群是否流失以及用户使用图书馆的信息产生一定影响,因此有必要合理存储馆藏信息资源。实际上在很长时间内大部分图书馆是按照流通率,使用三线典藏制,依据学科对图书和期刊实施分部门、分类管理的,这对想得到同个学科的全部文献资料的用户而言并不方便,因为其需前往多个部门收集材料,才能获得自己想要的所有资源。鉴于此,图书馆应对

现有的存储图书期刊资料的方式进行优化，比方说集中式管理同个学科的文献，向用户提供便捷式的集成服务。而存储管理动态性的数字资源相对比较复杂，一方面是由于很难评定数字资源的价值，另一方面是由于环境的不确定性，给制定管理措施增加了难度。截至如今，我国依旧缺少合理、科学地管理与存储数字馆藏资源的理论。但不管使用哪种管理模式，其指导思想都是相同的，也就是：提升存储利用率，简化管理流程，用最小的成本攫取最大的服务效益。

（三）延长馆藏信息资源的生命周期，提高信息服务的深度

由于社会信息化的迅猛发展，图书馆馆藏信息的数字化水平也在不断提升，信息的生命周期越来越短。但是，要想增加信息资源生命周期，深加工信息资源，对信息内含的知识进行提取，基于此生成新的信息资源，向用户提供全方位的信息服务，迎合其高层次信息需求是唯一路径。而在对信息资源进行深加工时，必须站在技术的角度与用户的角度，利用各类信息技术深度开发信息资源，改变信息的获得状态，变不可获得为可得，变可得为可用。依靠重新组织并开发信息资源，展开专题调研分析，向特定用户提供深加工服务等，改善信息资源的利用质量。上述增值服务或者深度研究服务既是信息服务发展的趋势，又是图书馆对信息服务进行优化创新的关键所在。

与石油、煤炭等资源有所区别的是，信息并不具备不可再生的特征，"用"是信息的价值所在。光收藏却不使用会让信息资源丧失利用价值，但是如果高效利用信息则可以令其焕发光辉。为提高信息资源的利用率，推动信息资源朝着科技生产力转化，图书馆一定要高度重视信息资源的深加工，以增加信息资源生命周期，迎合信息用户的发展需要。目前，低级的、简单的信息利用对用户而言缺乏吸引力，唯有高质量的、精品的、周到的服务才能实现信息资源的再利用。因此，强化力度进行信息资源的优化整合以及网络信息资源建设，依靠提供学科进展通报、定题分析、建设信息深加工数据库与信息导航

库等服务,促进信息资源转化与再生,此为图书馆优化创新信息服务的方向。

三、利用营销策略,提供多样性的服务方式

(一)运用目标市场策略,选择多样服务方式

目标市场细分具有两方面含义,其一,图书馆以自身特长为导向将其提供服务的目标市场或者顾客群确定下来。不管是哪种销售,均应当结合自身产品明确一定区域用户进行的营销,图书馆信息服务营销是基于对馆藏特色与自身实际的认知之上对目标市场进行锁定的。其二,细分目标市场内的用户,让生产的信息产品与用户群更为贴近。也就是说,要对不同用户群的需求特征进行分析与研究,生产符合市场需求的产品,通过不同的服务方式得到用户的认可,提升用户满意度。

身为一个多态的综合体,图书馆在类型上可分成公共、高校、科研等,这就对目标市场的细分提出了更高的要求。图书馆所在系统不同,所处地区不同,藏书的重点以及服务用户不同,各自的目标市场也会存在一定区别。现阶段,各级图书馆的复合形态让目标市场的细分变成了可能。以高校图书馆为例,其有教育类、综合类、医学类、理工类等不同,服务的用户与学科不同,那么藏书重点也存在一定区别。首先,要进行市场细分,旨在以用户需求为导向提供适销对路的信息服务产品。高校图书馆的用户有两种:其一,专科生或者本科生,其有一般性的学习需求,只需做到提供的信息泛、全即可;其二,研究生与教师,其对信息有着较高的要求,要求信息新、深。由此可见,细分市场的真正目的是结合用户群提供不同的服务方式与服务产品,迎合其个性化的需要。

(二)运用便利策略,提供一站式集成信息服务

便利策略指的是企业全面迎合客户需要,减少交易费用,缩短交易时间,在图书馆信息服务领域采取便利策略则要求为了方便用户,向用户提供全面的、便捷的、优质的信息服务,便于用户下载、查找、点击、上网,减少其使用信息所消耗的时间。图书馆内含特种文献资料、期刊网镜像站点、图书、光盘数据库等各类信息资源,同时在逐渐朝着网络化、数字化的方向发展。图书馆内含完善的信息检索工具、方法以及海量信息库,这也为其向用户提供一站式服务创造了可能。然而在很长时间内由于图书馆建筑构造以及缺乏显著的指示标志的影响,让用户走入图书馆就好比迷宫,如果用户想获取到某个课题的所有资料,其需要跑许多部门,且满意度较差。网络用户同样会遇到此类问题,因网络技术发展不够健全,图书馆的现代化程度存在差别,导致用户在使用图书馆网站时易遇到经常断链、网页的超链无法连接等问题。如此,既会打击用户使用图书馆的积极性,又会影响图书馆的服务形象。所以,要在图书馆信息服务中使用营销学领域的便利策略,向用户提供全套信息服务,从实践以及理论上看这具有可行性。

四、创建以人为本的管理机制,实现用户与馆员的根本利益

(一)以用户为本的客户管理机制

在提供图书馆服务时,应坚持"以用户为中心"。制定以用户为中心的管理机制,针对用户的所有资料进行管理与存储,将双方的所有接触活动记录下来。实际上,其与企业内的顾客关系管理系统较为相似,是图书馆提供信息服务的重要保证。在制定客户管理机制时,先要将用户的信息需求状况与个人资料存储下来,为

图书馆结合用户需求情况提供个性化服务与产品创造便利条件,从而迎合其个性化需要。回顾历史需求信息,对后续发展过程中的需求态势做出预测。其次,要注重用户参与,强化力度促进馆员和用户交流与沟通,让用户积极加入服务中,深入探究用户提出的建议或者看法,为图书馆结合用户要求变更服务策略创造便利条件。

(二)以馆员为本的组织管理机制

未来,图书馆的竞争核心在于管理与服务,从本质上看仍旧是图书馆员的总体素质。因此,要强化力度管理并开发图书馆人才以及以人为中心的柔性管理。首先,要结合馆员的实际需求,通过实施多元化激励措施的方式调动其工作的主观能动性,使其更积极地汲取知识,提升服务水平,推动馆员与馆员进行知识流动达到知识共享的目的。其次,打造多样化的知识服务团队。处于团队内的所有馆员应积极进行协同作业,注重个人的发展与知识需求,逐步建立起多任务目标导向下的组织形式。当管理环境出现改变时,多个服务团队能将组织结构的弹性与灵活性发挥出来,同时在团队内努力营造相互理解、相互尊重、相互信任、相互支持的和谐氛围,推动各个动态知识服务团队的服务智能与知识管理智能的发展。最后,从管理方式上看,要制订多元化制度促进图书馆的专业化水平的提升,比方说应制订职业资格证书制度,从根源上入手对图书馆人才队伍进行净化处理,提升馆员的素质水平,制订精神文化激励、人才培养激励等可操作性强的激励机制模式,推动图书馆员之间的竞争,提高创新能力以及服务质量。

五、推动图书馆服务理念的创新

(一)现代图书馆服务理念的体现

服务质量是评判一个图书馆建设水平的一种核心指标,是推动图书馆建设水平提高的重要切入点。现代图书馆依靠借出与阅览的形式向读者提供文献参考、复制、检索与书报资料等各项服务,图书馆的服务职能涵盖了向读者提供信息查询服务与信息资料两种。

图书馆提供的服务既包括迎合读者的信息需求,又包括图书馆的服务文化、服务理念、服务模式与向读者提供服务时工作人员的服务态度与个人素质等。换言之,从根本上讲图书馆服务是一种情感交流、文化互动以及价值确认的过程。

人性化是彰显图书馆服务理念的窗口之一,也就是在迎合社会化需求与读者需求的过程中坚持人本原则进行服务资源的配置,尊重个人价值,坚持人道主义,培养人文精神,创设优质的人文环境将人的主观能动性调动起来,彰显图书馆的服务价值的过程。图书馆服务理念是图书馆提供基础服务的原则,是图书馆工作的关键构成,是图书馆提供服务的引导。进入 21 世纪后,图书馆服务理念也在与时俱进,由传统图书馆服务理念向现代图书馆服务理念逐步发生转变。

(二)图书馆服务理念创新的必要性和实质

1. 图书馆服务理念创新的必要性

由于社会的持续发展,图书馆一定要坚持服务理念的优化创新,不断优化信息技术,对创造模式与知识传播实施优化变革。在此大背景下,网络资源变成了人们获得知识的核心路径,信息用户无须依靠图书馆亦可迅速获得自己所需要的信息。为了顺应时代发展,图书馆必须解放思想,积极优化创新变革,寻求长久发展。服务是图书馆的生命线,是关键所在,理念是行为的先导。图书馆唯有不断对服务理念进行优化创新,才可以有效强化自身竞争力。

2. 图书馆服务理念创新的实质

要对图书馆服务理念进行优化创新,就必须及时更新服务理念,优化创新,向信息用户提供周到的信息服务,改善图书馆服务质量。从根本上讲,创新是为读者,丰富图书馆服务内容的多元性。

基于信息时代下,要积极促进知识更新,向用户提供全面的信息内容,实现服务创新。因此,图书馆要丰富信息服务内容,借助自身虚拟网络资源与馆藏实体资源的优势,促进现代与传统相结合,迎合读者的多方面需求,在真正意义上彰显图书馆服务理念创新。

(三)现代图书馆服务理念的创新

创新图书馆服务理念是一个与传统相对的概念,创新并非抛弃与批评传统理念,而非盲目地标新立异,继承优势,服务理念的创新应涵盖下面几个方面。

1. 彰显平等、自由、博爱

目前,社会上崇尚平等、自由、博爱,这也是图书馆提倡的服务理念之一。图书馆要对人的尊严予以高度关注,要宽容,懂得包容人的弱点,特别是要向社会弱势群体提供特色服务,从真正意义上彰显平等、自由、博爱,使人可以享用并行使平等获得知识的权利。

当前社会的的确确有不平等现象存在,然而人们无须对此觉得羞愧,社会文明的价值主要体现在社会在尽可能地建立并实施健全的制度,推动人身自由、社会和谐发展,社会平等化。文明具有多元化特征,尽管西方国家部分价值观对我国一些领域不适用,但我们要去粗取精,从中挖掘出对图书馆界适用的价值观。

部分西方国家比较注重平等、自由、权利,此类观念在人们内心扎了根,且被人接受。然而,由于等级制度观念的长期影响,此类理念犹如一堵坚实的墙。由于社会的高速发展,平等、自由、博爱等服务理念逐步为人所关注,图书馆行业也在慢慢地渗透平等、自由、博爱等服务理念。

2. 树立"以人为本"的服务理念

图书馆要坚持以人为本的服务理念,具体反映在人性化的规章制度上。同时,也反映在人性化的服务设施、文化环境上。从我国图书馆日常工作来看,"以人为本"的服务理念主要反映在对图书馆特有的价值追求上,图书馆确立的各项规章制度并非僵化的条文规定,其面对的客体是人,需有人性化,需要注入情感,如此才可彰显出图书馆以人为本的服务理念。

3. 增强竞争意识,提高馆员的基本素质

随着社会的持续发展,图书馆应树立良好的服务理念,以自身工作为切入点多层次、多角度向用户提供周到的服务,迎合用户的多元化需求。因此,图书管理员要持续提升自我。

首先,在思想道德方面,图书管理员应形成正确的职业观,要与时俱进。由于人文意识的逐步强化,图书管理员必须努力提高个人的服务理念,追求真理与知识,提倡全民阅读,彰显宽容、创新和公正。同时,要有良好的职业心态,增加图书馆员的职业认同感。通过对工作性质进行分析后发现,大部分图书馆员均是为他人服务,不管是基于信息化时代还是传统方式下,唯有拥有良好心态,积极贡献,积极提供服务,才可能被称作合格的图书管理员。再者,图书管理员要有进取心,现代社会下图书馆要面对许多发展挑战以及契机,身为图书馆员应强化自身的竞争意识,树立责任感,这样才能在工作过程中找出问题,制定应对方案,提升图书馆的工作效率。

其次,在工作能力方面,图书馆员应提高现代信息技术能力。由

于现代社会的高速发展,信息技术在社会多领域得到了大范围的运用。图书馆的各项工作的开展依旧需要信息技术的强力支撑,随着科学技术的高速发展,边缘学科的增多,对图书馆员提出了新的要求。基于此大背景下,图书馆员要不断夯实自身的知识基础,实时了解并掌握最新的现代信息技术,提高自身捕捉信息的能力,懂得如何通过采取现代化方式向用户提供优质服务。现阶段,图书馆员既要提升个人素养,又要不断努力提升整个社会信息素养,以推动社会文明的进步与发展。

4. 建立特色的网络文献信息资源

图书馆的特色服务与活动均可以反映出现代图书馆服务理念创新,由于信息网络的高速发展,人们得到信息的途径越来越多,且获得信息的速度更快、更精准。网络变成了人们收集信息的主要平台,给人们提供许多文献资源,为人们更好地沟通与交流创造条件。现阶段,高校教育对信息量的要求在不断提高,服务创新已是大势所趋。依靠网络平台,可以十分便捷地向人们提供知识库服务与数据库服务,此服务方式的交互性与实用性较强,可以最大限度地增加图书馆服务内容的多元性,将图书馆的服务功能充分发挥出来。所以,向学生提供网络服务的意义十分重大。而能否将网络功能充分发挥出来,关键在于图书馆的工作人员。所以,要提升图书馆工作人员的素质水平以及服务意识,不断优化图书馆服务。

综上,服务理念对服务质量具有决定性影响。一方面,要增加在硬件建设方面的资金投入,另一方面要优化服务理念,致力于更有效的图书馆的服务模式的研究,让图书馆能更好地服务于社会大众,提高人们的思想素质。

5. 树立知识服务理念

知识服务是一种重视深层次利用并开发信息资源以及知识资源增值的服务,相较于传统信息服务,知识服务的差异主要体现在:其一,传统信息服务仅需重视用户简简单单的提问,迎合用户文献需要。而知识服务仅仅是逻辑获取服务,只需要分析充足信息即可产出新的知识产品。其二,传统信息服务更为注重向用户提供何种信息资源,但是知识服务注重给用户处理何种问题。其三,知识服务重视其服务的增值,望通过运用个人能力与知识向用户提供价值相对特殊的信息产品,但是传统的信息服务更注重在占有资源的基础上依靠劳务彰显价值。其四,传统信息服务倾向于向用户提供文献信息,知识服务则只注重辅助用户找到解决方案。

所以,要做好知识服务工作,图书馆员应不断努力,力争早日成为一专多能的复合型知识人才,具备提炼分散于其他领域的专业知识的能力,以得到能满足用户需求的知识精品。

第三节 图书馆信息管理系统与服务环境的优化发展

一、图书馆信息管理系统的优化与发展

(一) 现代图书馆信息管理系统优化发展的必要性

1. 现代科学技术已经渗透到图书馆管理的各个环节

图书馆既是传播与保存人类文明成果的场合,又是传播文献信息资源的重要纽带。基于信息时代下,各类现代信息技术在图书馆工作全过程中得到了大范围的运用,在图书馆办公自动化领域内计算机的运用越来越广泛,图书馆信息化建设取得了较大进展,在保存、使用、传播以及管理信息资源时,使用现代化管理手段,由此形成

了较大的影响。同时,图书馆应结合信息社会的真实要求,提高对现代信息技术的利用率,对图书馆的信息资源进行开发、组织以及管理,打造完善的信息管理系统,向图书馆用户提供良好的信息服务。图书馆信息管理系统要利用信息化方式存储、收集、处理多元化文献信息,逐步产生新信息资源的辐射点与生长点。

2. 现代图书馆信息管理系统的应用是信息社会发展的需要

进入信息时代以后,人们的生活发生了翻天覆地的变化,同时信息化的管理方式也开始运用到图书馆管理领域。从人们的传统理念上看,信息主要源自图书。由于网络化的迅猛发展以及信息技术的广泛运用,此观念早已不符合实际。现阶段,在各个行业内先进的信息技术已取得了广泛运用。同时,强化力度实施信息管理是开展图书馆活动的客观需求。在当前信息社会中,具有多元化的文献信息资源的图书馆发挥的作用日趋显著。所以,图书馆必须积极开展信息管理工作,以提高自身效率,尽量又快又好地完成各项社会任务。随着图书馆开展信息管理工作的增多,图书馆管理知识变得越来越丰富。在此大背景下,传统的图书管理理念与管理模式也随之出现了相应的改变,图书馆管理的方向也开始发生变化,朝着信息化管理方向发展已是大势所趋。

3. 现代图书馆信息管理系统的应用是图书馆深化信息服务的需要

图书馆是普及科学文化知识、提高公民素质的重要场所,是实施终身教育的大课堂。随着信息技术的发展和信息量的快速膨胀,新型的载体形式大量涌现。与此同时,在新技术革命浪潮的冲击下,作为搜集、整理、存储、传播文献信息的图书馆,其专业化程度和社会化程度也越来越高。因此,现代图书馆信息管理系统的应用也成为公共图书馆实现资源共享、深化信息服务的客观需要。它将从整体上改善图书馆工作,并为基层读者提供更好的服务,从而促进公众素质的提高。

4. 信息技术的现代化已成为图书馆优化管理的发展趋势

现阶段数字化信息居于主导位置,虚拟空间变成了人际沟通与交流的核心平台。由于信息化水平的不断提升,在图书馆管理中引入信息化管理已成为图书馆现代化管理发展的大势所趋。

现代信息技术是一种立足于计算机、围绕着网络传播而发展起来的技术,当前人们的信息并非只源自书本,还源自网络,信息技术的现代化发展是社会发展的必然趋势。目前,依靠知识信息化管理,人们可以十分全面地了解并掌握读者需要,强化图书馆向读者提供服务的能力,提升信息资源利用和开发的层次。此外,信息加工、处理、存贮、反馈技术的发展以及信息意识的不断增强给图书馆信息服务工作的开展提出了更高要求。

(二)现代图书馆信息管理系统优化发展策略

1. 全力改变传统管理方式

目前,要对图书馆进行信息化管理就必须打破传统观念的禁锢,优化固有的管理理念,不断解放思想,变革过去的陈旧管理模式,如重藏轻用、封闭式服务,逐步树立起合理的服务理念,如资源共享、信息化、创新等。同时,要深层次地了解并掌握信息化资源所具有的特点,如商品性、传递性、知识性以及实用性等。积极优化图书馆的服务和管理模式,从传统的管理和服务模式实现向信息化环境下领先的服务和管理模式的转变。此外,要以现代人的信息需求与读书需求为切入点,向读者提供更为优质的服务。

2. 进一步强化信息服务意识和理念

科学发展观的核心是以人为本。图书馆要为读者提供更加方便、快捷的服务,就必须以科学发展观为指导,推动图书馆为读者服务的事业不断发展。"读者第一,服务至上"是图书馆永恒的主题。因此,我们要坚持"以人为本"的服务理念,要重视读者、尊重读者、善待读者、方便读者、关心读者,更好地服务于读者。要想读者之所想、急读者之所急,不断健全信息资源共享机制,实现利益互补,从而更好地完成读者服务工作。

3. 不断增加硬件和软件投入

信息化发展牵扯面较广,主要包括人力资源、图书馆的技术设备以及业务流程优化配置等,其系统性较强,相对比较复杂。然而,信息化发展需投入大量资金。在图书馆管理系统内运用信息化管理,一方面可以对图书馆服务现代化以及网络化发展形成强劲的推力,使图书馆传统业务的技术方式发生变革。另一方面,可达到信息资源共享以及深度开发的目的,有效提高图书馆文献保障程度及其信息服务水平。所以,首先图书馆要扩大在软件与硬件方面投入的资金,增配专业设备,积极开发可以向读者提供特殊服务的用途,强化力度提供网络导航服务、多元化、层次丰富、专业水平较高的数字图书馆服务,加快步伐打造信息资源保障体系,推动图书馆网络互动,在硬件与软件方面为网络化发展提供保证。

4. 全面推进图书馆的电子信息资源建设

图书馆的信息化是图书馆服务以及管理的数字化以及信息化,同时又是信息资源的数字化。进入21世纪以后,电子信息有着较大范围的用户群体,制作传播速度较快,内容十分形象以及生动,已渐渐发展成图书馆的资源。所以,要大力促进图书馆电子信息资源建设的步伐,力争将图书馆打造成敢于创新、尊重知识、人才与科技、服务规范标准的重要场地,使人民群众的文化生活需求得到充分满足。

二、图书馆服务环境的优化发展

(一) 图书馆服务环境的构成要素

至今为止,我国学术界对图书馆服务环境的构成还没有达成共识。通过对现有的国内外学术界与图书馆服务环境有关的研究成果进行分析后发现,图书馆的服务环境是由信息技术条件、服务资源、服务活动、服务空间布局与服务制度组成的。

1. 服务资源

图书馆的服务资源包括图书馆的文献信息资源、人力资源、设施设备,其中在图书馆服务环境内人力资源最具能动性,图书馆工作人员是将读者与文献信息资源联结起来的重要纽带,是提供图书馆服务活动的主体,同时又是传播、组织文献信息资源的主体,在开展图书馆服务活动方面发挥着导向作用。在图书馆服务环境中,文献信息资源居于核心位置,其具体涵盖了虚拟馆藏与现实馆藏两种。毋庸置疑的是,文献信息资源是图书馆存在的象征,也是其提供各项服务的保证。图书馆的设施设备具体有打印设备、外部环境、语音设备、导引标识、馆舍建筑、给残疾人提供必要设施设备、电子设备以及内部装修等,这些是图书馆开展各项服务活动的物质保障。

2. 服务空间布局

图书馆的服务空间布局主要包括图书馆建筑的整体空间设计、各功能区的科学布局、设施设备的布局和摆放等。图书馆一般分设五个功能区,即书刊典藏区、书刊阅览区、电子文献阅读区、读者咨询区和读者休闲区。服务空间的布局关系到读者对图书馆的第一印象,良好的空间布局有利于树立图书馆的美好形象和读者对图书馆的高效、合理利用。

3. 信息技术条件

信息技术条件包括关于图书馆服务的所有网络技术与信息服务技术,其中网络技术有网络化图书馆服务系统、网络信息平台、网络安全技术等;信息服务技术主要涵盖了信息跟踪技术、信息交互技术、信息推送技术、跨库检索技术、集成平台技术以及信息聚类技术等。

信息技术条件是打造信息服务平台的基础,是提升现阶段复合式图书馆的服务质量的前提。现代社会更为注重信息服务技术,信息服务技术的形成发展不仅仅使图书馆文献信息服务的功能变得更加丰富,服务范围扩大,还有效推动了图书馆的服务模式发生重大转变,从传统的被动服务转变为主动服务。比方说,基于图书馆 Web 2.0 内,Podcast 与 RSS 在信息推送服务中得到了大范围的运用,使读者个性化信息的需要得到了充分满足。未来,身为图书馆的一种重要的利用、开发文献信息资源的工具的信息技术条件将扮演更加重要的角色。

4. 服务制度

图书馆的服务制度涵盖了国家机关出台并认可或者发布的与图书馆服务活动相关的法规、法律与政策,又涵盖了图书馆出台的服务规定和制度。图书馆服务制度主要起到了以下两方面作用:其一,对图书馆服务环境的各构成元素之间的关联性具有协调作用,有利于提升图书馆的工作效率;其二,对图书馆服务环境的营造具有规范性影响与指导作用,确保图书馆机制运行的规范性与有序性。综上所述,服务制度是图书馆服务环境的关键构成。

5. 服务活动

图书馆是服务性机构,它的一切工作都是围绕服务来展开的,服务是图书馆的终极目标和根本目的。因此,服务活动在图书馆环境中处于核心地位。在此我们认为,图书馆的服务活动主要包括服务管理、服务手段、服务方法、服务交流以及在服务活动中所体现出来的服务理念、服务态度等。总之,优化图书馆服务活动应该是一个系统工程,需要全方位、多层次地考虑。

(二)优化图书馆服务环境的必要性

1. 服务环境是图书馆服务的重要基础

文献信息资源体系的形成为图书馆的产生与发展做好了铺垫,不论是哪个图书馆,若缺乏文献信息资源的强力支撑,便犹如无源之水一般无法继续生存。图书馆工作人员是负责管理和组织图书馆服务的重要主体,是联结图书馆文献信息资源与读者之间的重要纽带,会对读者关于图书馆服务活动的评价产生一定影响;信息技术条件是将图书馆工作做到位的一种重要方式,基于现代社会中,图书馆的技术水平会对图书馆服务的办法及其收集的文献信息资源的量产生决定性影响;建筑设备可以在物质层面上为图书馆提供服务奠定基础,实际上图书馆服务的质量与功能在很大程度上会由于图书馆设备设施的布局、图书馆建筑的总体空间设计、图书馆设备设施的现代化程度以及设计方案而受到显著影响;服务制度可以给开展图书馆各项服务活动确立稳定的秩序,能大幅度提高图书馆服务的规范性与标准性。在图书馆服务环境中,服务活动居于关键位置,唯有面向读者的活动才能算得上是有价值的活动。由此可见,服务环境是图书馆服务的基础,同时又是图书馆存在的重要凭证。

2. 服务环境制约着图书馆服务活动的内容

图书馆服务活动的内容是多元化元素综合影响的结果,其易由于许多因素而受到影响,如经济水平、历史条件以及科技水平等。当前,图书馆所处的发展阶段较为特殊,其服务环境对服务活动的内容具有显著影响。在传统图书馆时期,图书馆开展服务活动的权限会因为技术等受到影响,仅限于可利用的现实馆藏文献信息资料。基于网络环境下,图书馆可借助各项现代信息技术增加馆藏文献信息资源的类型,共建共享文献信息资源,让读者既能又快又好地得到图书馆员可共享的馆外文献信息资源,又能使用图书馆的现实馆藏文献信息资源。

3. 服务环境影响着图书馆服务管理的过程与功能

图书馆服务环境的所有元素都是相互制约、相互影响的,不管哪个要素出现了变化,均会对图书馆服务环境的功能的发挥产生一定影响。身为设计并管理服务活动的重要主体,图书馆工作人员占据着重要地位。当要处理无序、分散的文献信息资源时,图书馆工作人员应积极采取各项信息技术搜集、规整、加工、挑选并分析文献信息资源,不断优化各类信息资源。同时,基于网络信息时代下,图书馆工作人员扮演着文献信息资源利用教育者与培训者、文献信息资源的导航者的角色。换言之,图书馆工作人员的综合素质水平会在一定程度上对图书馆服务管理的功能和过程产生影响。所以图书馆工作人员要竭尽所能地提升个人素质水平,促进图书馆的服务管理工作得以正常开展。身为一种具有服务性质的社会文化机构,图书馆的功能主要体现在迎合读者对文献信息的需求上。图书馆一定要提供多元化的、高质量的文献信息资源,创设优质的人文环境与实体环境,积极营造现代化环境,此为图书馆服务环境的关键构成,且会对图书馆服务功能的发挥产生显著影响。

(三) 图书馆服务环境的优化策略

1. 建设高素质员工团队和优化图书馆文献信息资源体系

读者对图书馆的利用效果在很大程度上会由于图书馆工作人员的工作态度、综合素质、工作方法等而受到影响。所以有必要进一步改善图书馆服务环境，为此首先要打造高素质的、综合能力强的员工团队，积极组织其参与培训与学习，提升其综合素质水平与业务素质能力。在图书馆服务环境优化中，建设文献信息资源是首要环节，此举可以在物质层面上为图书馆开展各项服务活动提供保障。基于网络环境中，文献信息资源的形式分布较广且多元，类型多，且呈急剧增多的态势。身为知识和信息的集散场所，图书馆应规整文献信息资源，避免出现无序、分散的情况。

2. 改善图书馆的功能布局

读者可以十分直观地看到图书馆的设施设备与建筑的布局和设计，因此图书馆的设施设备与建筑对读者产生的影响最为直接。首先，合理的图书馆建筑布局和设计应和自然环境相融，同时拥有人性化的便民服务与现代化的设施设备。其次，要科学布局、规划各个服务功能区，结合各功能区的实际特征装饰，确定科学的交通线路。比方说，宜在楼层偏低之处设置图书典藏区，如此既便于工作人员搬运书籍，又可以为读者借还图书提供便捷条件。再者，宜在附近区域设置书刊阅览区，便于达到书刊互补的目的，这不仅便于读者浏览期刊，掌握最新信息和知识，又可以向读者提供多元化的图书资料。综上所述，图书馆应坚持人本原则，重点考虑人的因素科学设计图书馆空间设施内的功能布局，为馆藏文献信息资源的作用得以充分发挥创造便利条件，同时也有利于读者更好地使用图书馆。

3. 实现技术环境现代化

由于网络技术、通信技术的持续发展以及电子计算机的广泛普及与运用，图书馆传统的工作模式出现了显著变化，图书馆的服务环境也日趋突显出现代化特点，尤其是技术环境的现代化特点越来越明显。一站式、复合式的服务环境要求采取现代化信息技术，而打造图书馆服务集成平台依旧要求采取现代化信息技术。换言之，促进技术环境的自动化与现代化发展是图书馆发展的必然趋势。为推动技术环境实现现代化发展,首先,图书馆要增加投入到现代化设施设备上的资金,加大力度开展技术设备的现代化建设工作。其次,要提高对各项网络技术的利用率,做好虚拟馆藏建设工作,创建并健全馆内的文献信息数据库。再者,图书馆要致力于新的服务模式的研究,向读者提供良好的服务。打造既可以提供服务活动又能够提供信息资源信息技术服务的信息共享空间,提供网络资源导航服务与知识门户站点服务,让读者可以不受限于空间因素与时间因素,不论在何时还是何地都可以获得想要得到的文献信息,从而有效改善图书馆服务环境。

4. 建立和健全图书馆的规章制度

图书馆的规章制度包含丰富的内容,一个完善的图书馆规章制度体系,应该包括图书馆法、图书馆组织政策、图书馆文献信息资源政策、图书馆读者服务政策、图书馆人事政策、图书馆经费政策、图书馆建筑政策以及图书馆现代化政策等。每个图书馆都应该以图书馆法为依据,并结合本馆的实际,制定出一套科学合理、健全完整的规章制度体系。在优化图书馆服务环境的整个体系中,建立和健全图书馆规章制度处于全局性的指导地位,对于图书馆的健康有序运行以及图书馆管理水平的提高起着至关重要的作用。

5. 服务活动人性化

在开展图书馆工作时,要坚持"读者第一,服务至上"的原则。图书馆开展的所有工作均需要尽量迎合读者对文献信息的需求,且这些均是以服务活动为核心进行的。身处网络信息时代下,对于文献信息的需求愈来愈具有精品化、个性化特点,对图书馆服务环境提出了更高的要求。对此,图书馆应当积极地提供人性化服务。服务活动人性化指的是结合各种类型、各层次读者的实际需求,向其提供深入细化的、有针对性的服务。基于目前环境下,图书馆服务活动的人性化发展有利于推动图书馆服务功能的进一步发挥。

第四节　图书馆信息服务平台建设

在知识经济还没有快速发展的时期,往往是采取人工方式整合、收集期刊、书籍等文献资料的,并予以人工保存。此保存方式易由于天气、环境以及人力等因素而受到影响,如果存在管理上的问题,将有损文献资料的完整度,更有甚者会彻底损毁文献资料。进入信息时代以后,电子信息技术和网络技术的诞生以及发展导致信息传递方式和管理方式出现了质的变化,图像、文本以及视频、音频的产生赋予了信息以新的存在方式。与传统的印刷型文献相比,上述新的存在方式被管理的难度较低,而信息技术的发展也促进了文献信息管理方式的进一步优化改革。由于网络技术和高新科技的飞快发展,在文献信息的服务方式和管理方式方面图书馆出现了本质性改变。

互联网的形成和发展大大推动了图书馆的现代化管理的发展进程,使其迈入到高层次的、全方位的发展阶段。通过运用电子信息技术和网络技术,图书馆加工、收集、传递、整理、存储的效率和速度较过去有了很大提升,可有效确保传统教育功能不变的前提下改善服务工作质量,提高工作效率。随着知识经济的高速发展,相关人员也要不断学习做到与时俱进,提高自身的技术水平,夯实知识基础。所以,人们对知识信息的要求更高,这不仅包括知识信息的质量,还包括知识信息的数量,且必须确保知识信息传递的精准度与速度。目前传统的图书馆服务和资源根本不能满足人们的发展需要,就图书馆而言在向人们提供服务时的难度变得更高。在图书馆中,信息咨询扮演着十分重要的角色,文献信息的服务需要具有准确性、多元性、高效性的特征,当前打造图书馆信息服务平台迫在眉睫。

一、构建图书馆信息服务平台的必要性

(一)构建信息服务平台——实现网络化信息服务的基础

构建信息服务平台是提供网络化信息服务的重要前提,基于网络环境下,图书馆是一个秉承着满足用户需要这一理念,立足于数字化信息资源之上,采取领先的科学技术建立起来的综合服务系统。站在整体的角度上看,文献信息资源的数据化建设是图书馆馆藏的所有资源提供网络化信息服务的基础,可把图书馆当成信息界面,依靠该信息界面,用户可深层次信息参考、信息挖掘、信息定制、个性化信息推荐与个性化信息查询等,从而挖掘出能满足其多方需求的知识需要。

1. 构建信息检索系统

(1)信息挖掘检索

信息挖掘指的是基于网络数据库内挖掘知识的整个过程,从图书馆管理上看,信息挖掘具体反映在资源数据库内让检索用户兴趣度较高的知识信息。信息挖掘具有重大意义,具体包括两方面:其一,信息挖掘是发现知识的必经之路。目前数字化图书馆内充斥着大量资源,琳琅满目,其能提供种类繁多的、媒体类型丰富的数字化多媒体资源,比方说语音、文本资源等。其二,信息挖掘检索能站在多个检索视角,自资源数据库内提炼出大量特定知识,将海量使用价值高的规律、知识或者社会信息提供给用户,只需信息挖掘检索,全体用户即可获取到许多有价值的知识信息。

(2)拟定网络信息资源不同的检索系统

为了建立信息检索系统,应做好以下两方面工作:首先,开发并启用图书馆 OPAC 联机信息查询系统,使其支持馆藏信息的检索,如特色文献数据库、图书馆馆藏书目数据检索等,加快速度推动图书馆馆藏资源网络公共检索机制产生。其次,要打造集学术论文、数据化期刊以及图书等诸多全文文献数据库于一身的智能检索系统,使用户能依据个人习惯找到自己想要的信息的原始记录,变信息的多重满足为一次性满足。

2. 注重检索的需求与趋势

(1)定向挖掘搜索功能,满足不同社会群体的需求

定向挖掘搜索功能指的是通过运用推荐站点、对应链接等多元化方法提供使用性较强的检索引擎与检索方向。比方说,目前我国有很多高校在本校网上图书馆首页嵌入了外国教材中心、中国教育网、OCLC文献中心以及中国学术资源网等网站链接,此举就好比定向挖掘检索教育有关网站一样,把功能差不多的或者性质一样的网站资源构造网络关联,从而使得各个领域、各个层次的用户群体的真实需要得到充分满足。

(2)基于知识内容检索的态势

所谓基于知识内容的检索,指的是检索媒体对象的上下联系和语义。就现代图书馆而言,基于知识内容的检索是图书馆数字化发展的总趋势。站在信息挖掘的本质上看,基于知识内容的检索基本是以媒体对象的义、语以及视觉特点为媒介语义检索,比方说图像的形状、纹理、颜色、声音的响度、音调以及镜头内的场景等的应用,检索的对象以图书馆资源数据库内多元化的数据化信息资源居多。由于数字化图书馆的不断发展,对数字化图书馆资源库而言图形、图像、视频及其他多媒体形式都是其内部必备的信息资源,缺一不可。但是如果要深入开发并利用上述信息资源的话,就必须采取基于知识内容的挖掘检索的方式。

(二)通过数字化信息平台确定参考咨询服务方式

目前,随着信息知识的爆炸式发展,传统的图书馆咨询服务方式

第四章 图书馆信息服务与管理的优化创新

已不能充分迎合人们对信息的需要。基于信息技术高速发展的大环境下,图书馆的用户需要已不局限于简简单单的咨询,而应当追逐高质量、高层次的信息处理和信息分析。一方面,要充分彰显知识的表层特点,另一方面又要咨询参考与知识有关的理解以及发展趋势的预测。依靠数字化信息平台确立的参考咨询方式是站在网络化与信息化的立场,向用户提供有效的、完善的、全面的网上参考咨询服务。

1. 拓展信息平台,挖掘和提供信息

目前,位于数字信息化平台的所有信息资源是图书馆参考咨询平台提供的以及挖掘的资源。网络上充斥着大量知识内容,且已在新的架构的基础上构建了许多知识数据库。现如今,在图书馆的数字化信息平台上互联网取得了广泛运用,图书馆的物理空间具有无限虚拟的特征,现已无任何制约性因素限制信息资源了。数字图书馆的参考咨询业务已逾越了传统的馆藏观念的禁锢,知识信息的载体也发生了变化,从传统的印刷型文献变为电子形式的微缩型、视听型多媒体信息与数据库。

2. 采用现代信息技术设计信息平台主页

在打造数字化图书馆时,要对现有的图书馆馆藏资源实施数字化处理,结合数字信息资源的组织方式,选择现代化信息技术方式设计信息平台主页。该平台有分类浏览检索、关键词或者主题检索等传统的服务功能,又有若干特殊的专业性服务功能,比方说对信息检索协议提供支持,用户可自动收集得到的信息,支持通过书目记录检索至全文获取的完整链接。为改善现代图书馆参考咨询的服务质量,提高服务水平,应采用现代信息技术设计参考咨询主页,打造图书馆的网络在线咨询系统,以此为用户参考信息的服务平台。在打造数字图书馆的过程中,必须对当前已有的信息资源以及馆藏文献资源实施数据化处理,结合馆藏文献的内容特点、数字信息资源的组织模式以及自我加工能力,完成二级、三级文献资源的数字化整合。资源通过一系列整合之后,可借助网络公告、电子邮件以及新闻媒体宣传等路径,依托自动搜索引擎提供互动式沟通与交流的服务。

3. 实施个性化咨询

个性化咨询指的是结合不同用户群体的各种类型的需求确立的专项服务,目前数字化图书馆信息服务的特色主要体现在个性化服务上,可面向个别群体或者用户提供其需要的有价值的、专用的知识信息。

(1)保障个性化服务技术的应用

个性化服务技术是基于现代网络技术、现代信息技术与现代通信技术之上不断健全并发展起来的,现阶段在个性化信息服务领域运用的领先技术愈来愈多,已汇聚成具有特色的个性化服务技术。

(2)重视个性化数据库的建设

在建设图书馆的个性化数据库时,应依据某一特有的信息资源进行建设,形式较为多元,如书目数据库、学术论文数据库、典藏数据库、学术成果数据库、学术会议文献数据以及档案数据库等。因此,一方面图书馆必须系统搜集一般的文献资料,并储存下来。另一方面,要对社会领域和科研领域的前沿知识予以高度关注,高度注重有关用户的专项文献需要,循序渐进地构建其特有的个性化数据库。

二、建立用户定制方式的数字图书馆信息服务平台

随着现代网络技术的广泛运用,图书馆信息咨询的发展有了良好的发展基石。目前,用户在依托图书馆信息服务平台提起咨询的过程中,实际上一般就确定了知识信息运用的范畴和方向。要坚持"以人为本"的服务理念,打造为用户专门设计的数字化图书馆信息服务平台。同时,打造该平台是提升图书馆咨询服务效率的可靠保

第四章　图书馆信息服务与管理的优化创新

障。所以，随着社会的高速发展，图书馆信息服务平台已确立了个性服务和定制服务这一新目标。

(一) 信息定制服务

图书馆信息定制服务要求立足于交互操作与开放信息资源的具体刻画之上实施，其组织系统有可重构性与灵活性，其信息服务内容与信息资源应以用户需要为依照提供个性化、自由化定制。

1. 数字图书馆的信息资源和信息服务要支持用户定制

传统模式下的图书馆相对比较固定，其文献资源、组织系统以及服务形式等均需事先设定好，用户使用时切勿加以修改。然而，目前社会不可采取该类传统的发展。现阶段由于企盼着在图书馆内找到新知识内容的用户在日趋增多，因此，图书馆要不断开放，要包容，帮助用户定制交互体系，给用户提供个性化、全方位的定制服务。

2. 信息定制服务针对性的内容

信息定制服务具体涵盖了事实与数据信息检索服务、期刊目录传输、学科检索服务、文献收集与引文检索服务等，主要反映在和社会用户创建稳定的联系，重视收集和理解并掌握各种用户对图书馆信息资源的需求状况，规整上述资料，并做好相关的反馈记录。同时，要定期向社会所有成员收集关于图书馆工作的看法；为用户提供文献资源检索的引导和帮助，有的放矢，提供重点学科的课题咨询服务；结合图书馆的状况确定图书馆专题指南，在第一时间对外宣传推广图书馆新增文献信息资源。

(二) 人性化管理与个性化服务

"以人为本"是现代图书馆开展各项工作的方针，基于网络信息时代下，图书馆数字化发展以及建设的要求，是图书馆开展工作必须遵循的理念之一。

1. 人性化管理与个性化服务的提出

在社会服务工作中，以人为本思想始终占据着核心地位。然而由于时代的不断进步，其内容和定义被赋予了新的内涵。以人为本是现代图书馆服务工作的指导思想，要求在实践过程中坚持人本的人性化服务与人性化管理。其具有下列三方面特征：其一，要构建并健全能够确保知识信息平等、自由的服务管理体系，确保用户信息安全；其二，在规划建设图书馆时，要彰显人文意识，配备有人文关怀的服务设施设备；其三，要对用户的差异和个性予以充分尊重，高度重视个性化服务的内容，多包容用户潜意识的错误与无意识的过失，友善、热情地对待客户，向其提供真诚的服务。

2. "以人为本"的人性化服务是数字图书馆建设的重要内容

开展图书馆的管理和服务工作的终极目的是有效确保人的权益，充分满足人的正当、合理需求。因此，可考虑从下列几方面入手进行人性化管理，提供人性化服务。

(1) 制定多元化的、灵活的人性化服务体制

传统的图书馆管理一般太过关注图书馆馆藏资源，不注重开发利用资源。所以，数字化图书馆应结合用户的需求构建起馆员喜欢加入的、易被用户接受的新型服务模式。

(2) 创建高效、综合的服务窗口

目前，有必要优化改革传统图书馆服务机制，变刚性管理为柔性服务，变分工负责制为专人专题制，凭借着图书馆的资源信息优势，不断提高服务质量以及服务层次。

(3) 致力于研究并优化图书馆的管理目标

结合目前图书馆的基本概况与数字化图书馆的发展形势，要善

于找出新问题并努力进行处理,将长远的发展目标和当下可达成的目标有机结合起来,制定以人为本的人性化发展策略,推动图书馆的个性化信息服务的发展。

第五章 图书馆未来发展展望

第一节 现代高校图书馆的发展方向

　　创办一流高校是近些年国内各大高校陆续提出的奋斗目标。那么,何为一流高校?其评价标准无疑包括软硬件等方方面面,比如教学条件、师资水平、科研力量、实践能力等,除此之外,还有一项非常重要的衡量指标——是否拥有一座现代化的图书馆。自20世纪末社会发展进入知识经济时代,经过20多年的发展,迎来了信息社会的全面覆盖。今天,席卷全球的信息革命浪潮不仅给社会各行各业带来了巨大冲击,大学校园也不例外。图书馆作为高校的信息中心,从其内涵和作用到其功能和地位,早已焕然一新。

　　传统图书馆的服务和管理模式比较被动,很少"主动出击",无法及时、准确地掌握、提供最前沿的科技动向和社会动态,单纯的书刊借阅形式显然不能满足师生的需要,而滞后的信息也影响了高校对教育教学做出相应改革的速度。不断涌现的电子化、数字化等多媒体出版物和海量、时时的网上资源,也在不断冲击着传统服务形式。

　　毋庸置疑,信息革命的到来将高校图书馆推向了现代科技和网络技术的领域,在改进服务方式的同时,要不断拓宽其服务范围。从服务功能上,图书馆不再仅仅是书刊资料的收藏地,而更倾向于文献信息的集散地;从服务内容上,改变以往单纯的借阅管理服务,开始承担信息采集、整理、检索、分享等任务;从服务方式上,不再只局限于本地面对面服务,而是扩大到异地间的远程联机服务;从信息资源的呈现形式上,除了传统的文字,更增加了音频和视频,供不同层次读者选择。鉴于这些改变,高校图书馆必须依托校园网建设,这也是保障未来各高校图书馆健康发展的重要信息基础设施,校园网建设的规模及应用水平在很大程度上关系着一所高校教学与科研综合实力的高低。

一、为教师建立网络学术资源导航系统

众所周知,高校要想跟上时代的步伐,必须有高水平的教师做后盾。而一流的教师首先要对世界范围内的教育教学动态及各种先进的学术动态及时感知。而老师们平时的教学负担已经很繁重,很难有大量空余的时间在庞大、纷繁的网络信息中进行甄别和筛选,从而找出自己想要了解的信息。那么,如何才能提高教师们对新型信息资源的掌握和利用率?高校图书馆作为校园信息中心义不容辞,图书管理员可以对网络学术资源进行第一道把关,在海量的信息中检索、收集、筛选有用信息,并进行科学、有序整理,并将这些经过二次深度加工后的消息,推荐给教师们利用。

高校图书馆可以在校园网络建设中开辟学科资源导航板块,并建立诸如"学术精品网址中心"等网址标引程序,便于教师们查阅和浏览。鉴于此,图书馆应该时刻关注国内外教育教学的发展动态,加强对各学科知识的深入了解。跟一线教师保持广泛的接触,征询他们的意见,听取他们的呼声,并随时调整自己的工作状态,以便最大限度地满足教师们的要求。

二、根据教学战略目标,制订具体的网络信息发展计划

高校图书馆应该敏锐地捕捉到国家最新的教学发展战略,并及时对当前的教育教学计划做出调整,使教学目标不再单一,多一些选择性、开放性和创造性;要尊重学生的个性,给予其施展才华的平台;注重培养学生获取信息的能力,提升其创新能力和实践水平,这有助于学生学习能力的提升。我们必须认识到,图书馆是学生接受新知识、积累信息量、感知最新学术动态、培养自身分析和解决问题能力的最佳场所。因此,高校应该致力于提高图书馆的利用率,让学生的学习更高效,具体可以通过以下途径来实施。

(一)读者辅导和参考咨询工作

虽然现在的学生基本都掌握了一定的计算机知识,但不一定能够将其运用到图书馆资料的获取上。因为信息的搜索、加工和处理过程较为复杂,是一项综合性的技能,有必要进行相关的系列培训。图书馆有义务担负起学生的参考咨询工作,使学生通过培训能够较为轻松地根据自身需要对各类信息进行筛选和加工,使知识和信息为己所用。

(二)扩大书目查询范围、提供联机书目公共检索

无论信息技术如何发展,网络如何发达,高校图书馆信息服务都离不开书目查询这一重要内容,不同的是检索数据的不断扩展。从最初的搜索书目和文章名称、著者,或者关键词等简单信息,逐渐延伸至对文章摘要以至全文的搜索。而且检索的对象不仅包括纸质书刊,还有各种电子出版物及多媒体载体。所以,各高校间有必要进行图书馆联网,提供联机书目公共检索,这样可以大大扩展书目查询范围,从而保障学生最大限度地获取信息的基本保证。

（三）充分利用光盘及网上数据库开展咨询服务

在各种信息资源存储方式中，相对来说光盘的成本最低，而检索速度快，用起来既方便又快捷，非常适合高校图书馆使用。因此，我们可以充分借助高性能、高可靠性的光盘塔、光盘库和多媒体技术，建立光盘网络检索系统和电子阅览室，这样就可以大大提升图书馆网上服务的质量和效率，更好地实现信息资源共享。有了这些技术手段的支撑，图书馆就可以充分利用网上的数据库开展定期服务和专题文献导航，这就大大增加了学生的选择性，不必再被动接受一些自己不感兴趣的内容，完全可以实现按兴趣选择，按需利用。这对培养学生习得新知识、新技能，以及分析和解决问题的能力大有帮助。

（四）建立具有高校特色的网络学术资源导航系统

图书馆的工作人员可以充分利用网络搜索引擎的分类功能，将某一类信息资源集中起来，逐一认真、仔细地对这些信息资源站点进行访问和评估，筛选出有学术（学习）价值的资源，然后征求高校专家小组的意见，择优推荐给学生。要注重搜索有关人文、自然、科学方面的知识，这些内容可以增长学生的见识，拓宽视野，有效弥补课堂知识的不足，不仅培养了学生研究性学习的能力，也在无形之中提升了综合素质。

（五）开辟学术或学习论坛

在本校图书馆站点利用 ASP（Active Server Pages）网页技术，针对学术（或学习）上的一些当前热点话题展开专题讨论。创办网上读书沙龙，鼓励有兴趣的学生踊跃参与，彼此分享读书体会、阐述自己对教学的看法、充分展示导读效果。这在很大程度上发掘了学生的创新精神，增强了应用和实践能力。

(六)开展读者留言和热点调查

在校园网上开辟读者留言和热点调查专区,学生们可以在上面畅所欲言,真实地表达自己对知识的要求、思想的动态等,这样可以充分展示学生自身的信息消化能力、创新的意识和关注的焦点。图书馆工作人员可以将这些信息汇总起来,提供给高校相应部门领导,使其对图书馆信息资源进行有针对性的调整,更好地迎合学生的喜好和需求。这一举措既激发了学生积极主动地参与学习的兴趣,而且也强化了学生对所学知识的认识。

三、开辟 FAQ 栏目,向用户提供咨询服务

图书馆网站不仅仅是为用户传递数字化信息的渠道和平台,也要能够接受用户的反馈,回答用户提出的各类问题,为他们答疑解惑。基于这种诉求,图书馆 Web 站点必须建立相应的疑难问题应答系统,对于一些较为普遍的问题可以设置自动回答,而针对一些疑难问题可以转给专家小组协商解决,读者还可以根据自身需要,利用电子邮件提问或者查看回复。该系统同样可以接受反馈,比如读者也可以向图书馆推荐当下较为受欢迎的新书、好书,这大大促进了馆读双方的交流,为信息交流和文献传递搭建了良好平台。

四、建立书海导读系统,采集网上书评

为了给读者进行阅读引导,并提升读后感悟,图书馆工作人员可以经常留意访问一些读书网站,筛选一些优秀的书评文章,并将其下载下来,加入本馆建立的"书海导读系统"数据库中,这样可以给读者提供有效参考。这些数据库包括的内容极为丰富,涉及报刊、教学(教案)论文、图片和影像资料、社会热点、时事新闻等。

五、利用声像信息数据库,丰富师生课余生活

为了给师生的课余生活增加一些娱乐性和趣味性,图书馆可以通过声像信息数据库建立"音乐在线试听管理系统"。广泛收集中外名片、名曲,影视主体音乐等。并邀请专业的教师或学者撰写音乐或影像点评,适当附加作者生平简介、创作背景介绍等文字说明,给读者带去不一样的视听感觉。

读者可根据自己的兴趣和爱好,通过检索关键词随意选择自己需要的声像媒体资源进行欣赏或分享。读者可以边欣赏边发表评论,同时还可以查看别人的评论,并进行互动。可以说,这一系统在真实地再现声像出版物图、文、声并茂的风采的同时,也给读者带去了一场场精彩绝伦的视听盛宴,极大地丰富了师生的课余生活。

总之,图书馆作为高校的文献情报中心,是全体师生的信息资源集散地,是高校教学和科研工作的重要组成部分。在信息革命大潮席卷全球的 21 世纪,高校图书馆不能止步不前,应在机遇面前把握发展方向,激发前进动力。不失时机地利用新型信息技术,建立信息资源网络,为高校师生提供一个补充知识、增长见识的平台,使其与社会接轨、走在时代前沿,助力创建一流高校,促进培养先进人才。

第二节 进一步加强图书馆的信息建设与管理

书籍,是开启人类智慧大门的钥匙。高水平的图书馆是保障高校实施素质教育的硬件条件之一,同时也是衡量高校领导人是否具有高瞻远瞩的办学理念的重要标准。这也使得高校图书馆成为全面

提高学生素质,培养学生创新精神和实践能力,实现学生主体性发展的重要阵地。

一、创造性发挥图书馆的育人功能

(一)以人文精神营造读书氛围

图书馆每个阅览室的布置要尽量充满人文精神,营造一种较为浓郁的读书氛围,慢慢地形成潜移默化的熏染。还可以在每一张读书桌上贴上有激励作用的名言警句,使学生低头便能看到,并时刻提醒自己树立正确的人生目标和远大理想,做一个对社会和国家有用的人;还可以充分利用环境育人的功能,比如借助灯光、音乐等现代技术在图书阅览室营造温暖、舒适的读书意境;抑或在阅览室设置"留言区",便于学生读完后写下自己的感想,还可以与其他学生进行交流和互动。

(二)以读写结合促师生双向提高

读书不只是学生的事,教师也应该参与其中。高校可组织学生在各个社团之间开展读书交友联谊活动;还可以充分利用教室一角设置师生共同参与的"读诗、赛诗""品文、论典"等专区,不仅拉近了师生间的距离,也增加了学生的自信,并展示了教师的风采,让这充满灵动和文艺色彩的教室一角成为师生孕育文学素养、增加师生情感的一片小天地。

(三)在读书和实践活动中成长

培养学生的实践能力和创新精神是当前素质教育的重要内容,高校应想办法将读书融于各类实践活动中。以读书为主线,不断拓展课外发展空间,经常举办诸如诗歌朗诵会、主题讲演、有奖征文、校园广播等活动和竞赛,全面提升学生的文学素质,使越来越多的学生参与其中,不断激发其读书热情。可以说,高校不断丰富的图书馆资源正在助力学生的健康成长,为21世纪的素质教育注入了活力。

二、利用图书馆资源培养学生创新能力

创新对于一个国家和民族的重要性毋庸多讲,没有创新就没有进步,更何谈发展。中国要谋求发展,核心就是创新。高等教育提倡理论与实践相结合,这也是创新教育体系的重要一环,而高校的图书馆不仅拥有丰富的文献资源,而且知识门类应有尽有,再加上优雅舒适的读书环境和浓郁的学习氛围,可以说,图书馆在很大程度上促进了学生创新能力的培养。因此,高校应尽力挖掘图书资源在文化熏染、品德教育和创新能力等方面的功能。

(一)充分利用图书馆文献信息资源,培养学生的创新能力

创新不是从无到有的凭空想象和捏造,而是建立在现有的知识和能力的基础之上,是一种基于现实的发展和进步。因此,当代大学生的创新活动必须借鉴前人的研究思想和成果,才能有所突破。高校是培养社会所需的各类人才的摇篮,而人才是推动技术创新和社会进步的直接动力,因此,培养大学生的创新能力是加速科技发展、提升综合国力的根本所在。图书馆的文献资料包罗万象,涉及各个学科和不同领域,学生们按需选择,循环利用。我们在选择资料的同时就是吸纳精华的过程,通过阅读、分析、判断,将对自己有用的知识转化为自己的能力,形成自己的独特见解,无形之中培养了自身的创新能力。

(二）充分利用图书馆的舒适学习环境，培养学生创新能力

毋庸置疑，图书馆是知识的海洋。图书馆在为学生提供各类知识的同时，更提供了促进学习、思考和研究的舒适环境。图书馆中有着安静的读书环境和浓郁的学习氛围，这有利于学生全身心地投入学习和钻研未知。此外，图书馆中还自带一种竞争意识，那一个个埋头苦读、催人奋进的身影是一种无形之中的力量，不断鞭策和鼓励着学生，使他们时刻保持着学习的兴趣和钻研的斗志。因此，图书馆的环境优势不容忽视，应充分利用起来，为学生提供培养创新能力的空间。

(三）充分发挥图书管理员的辅导作用，培养学生的创新能力

在图书馆中，图书管理员扮演着极为重要的角色，是人类知识信息的传播者，承担着连接图书馆与读者之间纽带的重任。因此，作为高校的图书管理员，首先要具备扎实的专业基础，还要有相应的知识和素养武装自己，在行为上也要以身作则，为学生树立起积极向上的榜样形象。此外，图书管理员还有一个重要的作用就是辅导作用。

进入 21 世纪，随着各种新发明、新技术日新月异，知识更新的速度快得惊人。网络信息的快速普及使得如今的图书馆早已非同往日，图书馆信息资源趋于电子化，纸质文献的比例逐渐缩小，各种浓缩文献、视听文献、机读文献大量涌入。学生们必须掌握检索、获取和利用各类电子文献的基本技能，这也是学生创新能力的一种表现。

图书馆向学生提供知识的数量和质量在很大程度上取决于图书管理员的引导和服务工作。现代图书管理员的服务不再停留于传统手工形式的浅层次服务，而是逐渐向文献资料的深加工领域靠拢，服务的持续性也在不断加强，更倾向于目标明确的跟踪性服务，以及科技查新服务、文献再加工服务等。图书管理员要想做好自己的引导

和服务工作,必须下苦功夫,仔细了解学生的个性特点、学习特点,不断活跃思维,发展个性,根据他们的需求推荐适合的学习资料,从而拓宽学生的视野,促进创新思想的萌发,为进行知识和能力创新打好基础。

总之,高校图书馆为学生们提供了宝贵的学习资料、丰富的知识给养,为梦想插上了翅膀,助力学生健康成长、顺利成才。因此,我们要充分利用图书资源的巨大作用,发挥图书馆的教育功能,促进高校创新型人才培养目标的实现。

三、挖掘图书馆资源为研究性学习创造条件

随着以提升素质教育与创新能力培养为目标的新课程改革的深入,研究性课程日益被各大高校提倡和推崇。研究性课程与传统课程的最大区别就在于学生接受知识的形式不再是被动地全盘接收,而是积极地参与到教与学的过程中。研究性课程通过鼓励学生动手实践、独立思考、合作探究,有效锻炼学生获取新知识的能力,信息加工、处理能力,以及知识再创作的能力。可以说,研究性学习的实施,也是对高校图书馆工作的新要求,是图书馆未来工作的一个努力方向。高校图书馆只有不断地更新信息资源库,深度挖掘有价值的学习资源,改变传统单一的服务理念,改进管理和服务方式,为广大读者提供钻研平台,满足学生研究性学习的欲望和需求。

(一)开发与利用高校图书馆资源具有现实意义

加快高校图书馆资源的有效开发和利用是高校课程改革的必然趋势。学生在进行研究性学习的过程中,无疑会有大量的信息需求,这个过程中需要专业人士给予必要的咨询与指导。作为文献资料典藏机构的高校图书馆,成为广大师生进行研究性学习活动的场所再合适不过了。自高校开展研究性学习活动以来,到图书馆查阅资料的师生人数显著增加,且文献的重复借阅率明显提高,这就给图书馆

在自身资源建设方面提出了新要求,促使图书馆更加注重信息资源的开发层次和深度,不断提高服务能力和服务质量,不浪费每一份图书资源。

开发与利用图书馆资源也是图书馆自身发展的需要。图书馆与教育教学的密切关系不用多说,这尤其体现在研究性学习方面。面对教育改革的新形势、新要求,高校图书馆必须在服务观念、服务方式和服务手段上做出根本性的改进,才能不断与时俱进,跟得上学生的求知需求和社会的发展需要。由此可见,高校图书馆必须加强信息资源的开发与利用,注重发挥教育职能,从增加藏书的数量、保证图书内容质量,提升服务水平等方面入手,促进自身的发展。

伴随着社会经济与科学技术的飞速发展,高校图书馆也面临着一场深刻的变革。信息资源的电子化、数字化;图书馆管理与服务的自动化、网络化;业务活动的协作化、专一化;图书馆文化与教育的普及化、社会化。如何从海量的图书馆资源中找到适合和满足读者需求的信息是一个艰巨的任务。将这些资源从无序到有序、从个体到组合是需要细心、耐心和较高专业素养的。高校图书馆应该紧跟信息革命的浪潮,充分利用现代信息技术,从自身的服务思想、服务理念、服务途径、服务内容与服务范畴等方面不断挖掘潜力,不断提升服务质量。始终坚持"读者需求至上"的宗旨和原则,从整体上促使服务体系不断完善。

(二)高校图书馆资源开发与利用的策略、途径

高校图书馆应该从教育出发,坚持以实现研究性学习活动为目标,不断改进传统的工作形式,从根本上提升管理和服务。以前,高校图书馆与教育教学活动基本是割裂的,参与积极性不高,服务更是跟不上教育的发展,无法实现以自身的优势和能力来满足读者需求。研究性学习与图书馆服务之间的关系是相辅相成的,高质量的图书馆服务为研究性学习提供了知识储备;而研究性学习的成果又会促进高校图书馆不断提升馆藏资源的数量和质量,并改进自身服

水平。

图书馆的服务要想实现根本性的改变,首先图书馆应对师生的研究课题有个大致的了解,才能做到有的放矢,从而有针对性地参与到研究性学习活动中去,提供一定的咨询和指导;其次,由于图书馆对自身馆藏资源了如指掌,可以最大限度上占据主动,不仅可以为师生的研究性课题提供相关的信息咨询服务,还可以进行必要的跟踪服务。可以说,高校设立研究性学习课程无形之中为图书馆创造了一个参与教育教学、挖掘自身潜力的机会,不容错过。

第一,以馆藏为基础,以需求为导向,不断优化馆藏结构。研究性学习,顾名思义,注重对学生的钻研能力和探究能力的培养和锻炼。学生通过主动的探索、发现和体验,掌握收集、整理、分析和处理大量信息的技巧和能力,在这过程中锻炼了自身的思考力和创造力,同时,这也对图书馆的馆藏体系和馆藏结构提出了更高的要求。

在以往的以考试为中心和目的的教育背景下,高校图书馆的馆藏内容基本围绕考试学科资源、文学鉴赏性资源、社会科学文献等。如今,高校教育重在提升学生的综合素质,特别是伴随着研究性学习活动的广泛开展,使图书馆的馆藏资源显得捉襟见肘了,没有特色化与精深化的信息资源的支撑,严重影响高校图书馆在研究性学习中的作用。满足教育教学工作和广大师生的需要,是高校图书馆服务的出发点和落脚点,只有不断调整和优化馆藏体系与馆藏结构,才能最大限度地满足高校师生的研究性学习与阅读需求。因此,图书馆应该紧扣研究性学习的课题,在馆藏资源的配比上,要契合主题,迎合需求,争取充分、合理地利用每一份资源,减少资源浪费,保障学生顺利开展研究性学习。

第二,争取效用最大化,提升馆藏资源的开发和利用率,形成主动出击的意识。图书馆的藏书是为了利用,为了给读者带去知识和智慧,而不只是"藏"起来,更不是搁置。因此,图书馆要想让自己的馆藏资源都能充分利用起来,就必须精准把握教育大方向,在图书的选购和收集上,以满足研究性学习的需要为前提,与此同时,还要尽量提供科学、快捷、周到的服务,让每一位读者都能找到自己所需。还要进一步发挥主动性与能动性,不断开拓创新,可适当增加服务内容,比如提供上门服务和跟踪调查;还可以邀请相关学者、校领导、教师和学生参加读书报告会等。

第三,注重提升图书馆管理人员的素质。图书管理人员作为高校图书馆中不可或缺的一个要素,影响着图书馆的管理与服务质量。如今,高校图书馆收藏的文献资料广泛运用现代化科技手段,其专业跨度不断增大,服务范围和服务对象也越来越广。高校图书馆有必要建立一支高水平的信息化管理队伍,不仅拥有先进的观念,还能掌握最新的图书情报知识,并且拥有现代科学技术知识。图书馆要不断增加培训机会和渠道,加强对馆员的继续教育,以适应图书馆发展的信息化趋势。

总之,研究性学习是目前比较流行的不同于以往的一种较为先进、科学的学习方式,除了需要师生的共同努力,更需要图书馆为广大读者营造一方知识化的天地,为学生实现自我发展提供平台。

第三节 全面推进图书馆个性化信息服务

一、图书馆个性化信息服务存在的问题

(一)图书馆个性化信息服务的特点

1. 层次性

对于高校图书来说,其服务对象主要是有教师、学生和科研人员,单从表面来看,这几类人就比较有层次性,如教师可分为教授、副

教授、讲师、助教等,学生也可分为博士研究生、硕士研究生、本科生等。而不同层次用户的信息需求也是有很大差别的。例如,对于科研人员来说,他们首先应该掌握先进的科学动态和顶尖的国内外技术,所以他们主要进行查新检索;对教师来说,需要及时了解教学参考资料的更新换代和教学方法的改进;至于学生,则更侧重于自己的学科需求和兴趣需求。

2. 专业性

一般来说,高校图书馆的服务对象层次比较高,大部分读者均具有一定的专业背景,他们对信息的需求基本源于自己所研究或学习的学科专业及相关学科上。因为不同学科专业的读者有着不同的信息需求,所以图书馆的服务就要从不同专业的特点入手,专业性特点很明显。

3. 特色性

即使同类图书馆,也不是千篇一律的,起码在馆藏与服务方面存在一定的区别,这就是特色。我们常说,各行各业只有做到"人无我有,人有我优"才具有竞争力和吸引力。图书馆也不例外,只有不断致力于增加特色服务的种类,开发特色服务产品,才能树立自己的口碑和形象。从而不断扩大图书馆的影响力。

(二)图书馆个性化信息服务中存在的问题

1. 资金问题

资金问题一直是困扰各行各业进步与提升的最大瓶颈。图书馆为用户提供良好的个性化信息服务既需要技术支撑,更需要资金支持。无论是直接购买国外成型的个性化信息系统;或与其他公司合作开发自己的个性化系统;还是组织馆内相关技术人员自主研发个性化系统,都离不开强大的资金支持。

2. 技术问题

技术是各项事业前进的动力和核心,没有技术的支撑就谈不上服务的提升。图书馆中,基于网络的个性化信息服务的实现更离不开成熟、先进的技术支撑。虽然支持个性化信息服务的技术如完成用户登录、身份认证、数据匹配的 Web 数据库技术,根据用户数据动态生成网页的网页动态生成技术,实现主动服务的数据推送技术和用户身份认证技术以及数据加密技术等已经趋于成熟,但这些技术的进一步升级、融合、挖掘、表达和处理等还有待于进一步的研究。另外,网络化平台有很多细节上的差异,比如数据格式和检索途径,用户界面的图案设计、检索入口的风格特征等都会或多或少影响图书馆的个性化服务水平。

3. 观念问题

虽然,目前各高校图书馆管理者的经营理念和服务观念等都有了较大改善,但主要表现在对馆藏资源的重视上,表现为大量购买电子图书,引进各类型数据库,大大丰富了图书馆的文献资源,提升了服务质量。然而,在开展个性化服务上,相当一部分图书馆并未表现出应有的热情,比如服务方式没有大的改观,服务内容仍然一如既往,这在很大程度上阻碍了图书信息服务的个性化发展进程。

4. 用户隐私安全与保护问题

图书馆为用户开展个性化服务,必然会采集用户的个人信息,这就会涉及用户的隐私问题。因为要想提供符合用户需求的个性化信息服务,首先要了解用户的个人基本信息和检索、借阅习惯等,并对其进行基本分析,才能掌握用户的个性化特征,但这同时也会给用户带来各种担心。用户之所以担心个人信息会被泄露,其实是对图书馆个性化信息系统的隐私保护技术和能力不够了解,或者不够信任。鉴于此,图书馆的个性化信息服务系统,首先应该保证用户的个人信息不会被泄露,其次用于提高对用户的个性化服务。所以,图书馆要以良好的信誉形象打动用户,使更多用户愿意主动提供自己的个人信息,之后,图书馆按照这些信息制定出一套较为完整的隐私保护体系和保护技术等,使读者在利用图书馆系统查阅资料的过程中能够安心、放心。

5. 服务反馈问题

个性化信息服务反馈问题一般涉及用户基本信息、访问频次、反馈信息等内容。这些内容一方面可以显示用户对服务的满意度;另一方面为将来的个性化信息服务方向提供了一定的参考和依据。图书馆管理人员通过统计、整理和研究用户的个人阅读习惯及对管内各项服务的评价情况,总结和分析自身在服务中存在的问题,并进行有针对性的改善,以便更好地为用户提供高质量的服务。

6. 知识产权意识问题

图书馆在进行个性化信息服务的过程中,读者为了满足自己的信息需求,肯定会大量搜索、下载、上传并处理信息资源和电子文献资料等,而无论是信息资源还是文献资料都会涉及作者版权保护问题。除此之外,图书馆所运用的新型网络信息技术,其本身包括许多微观技术,如硬件和软件技术等,这些也涉及知识产权问题。因此,现在信息技术环境下的图书馆工作各领域均逃不过知识产权的保护问题,这就要求图书馆工作人员应该也必须掌握一定的知识产权规则,从思想上不断强化知识产权保护意识,这样有利于在实际工作过程中尽量少发生侵权问题,从而减少知识产权方面的纠纷,集中力量于读者的服务上。

7. 服务人员问题

高校图书馆为用户提供个性化信息服务还有一个针对服务人员的重点要求,那就是需要其不仅具有扎实的专业知识与广博的学科知识、信息检索能力、对信息的整序与加工能力,还要有基础的计算机能力、基本的外语能力,以及文字表达能力,甚至是人文素质等。目前来看,虽然大部分图书馆服务人员已经深刻认识到这一点,并正在努力提高自己,但仍有一部分服务人员自身文化素质、技术能力偏低、知识结构单一等现象存在。

二、图书馆个性化信息服务的模式分析

(一)图书馆必须树立个性化信息服务的意识

现代图书馆的个性化服务与以往较为被动的传统式服务相比有着鲜明的特点。它将图书馆的咨询功能、文献检索功能和文献提供功能集于一体,这种现代模式化的个性化服务,可以在服务时间、服务方式、服务内容上全方位地满足读者。基于此,图书馆个性化服务要一改往日简单的资源收藏功能,而应致力于建立一套完整的个性化服务体系。首先要在服务理念上进行更新,要懂得根据需求提供服务,想用户之所想,或由用户自己定制个性化的信息产品,这样才能吸引更多具有特定需要的用户来图书馆获取和利用个性化的特色信息资源和特色服务。总之,图书馆一定要树立个性化的服务意识。

1. 服务对象的个性化

图书馆的服务对象就是其所有用户,不同的用户其个体需求也有很大差异,而正是这种个体差异导致了用户信息需求的个性化特色。在现代信息技术的影响下,个体信息需求观念也发生了较大变化,最显著的特征就是个性化特征明显增强。图书馆的个性化定制服务恰恰迎合并满足了用户的个性,充分体现了"以用户为中心"的服务理念。

2. 服务方式的个性化

服务方式的个性化是针对用户不同的个体兴趣和特点开展的特色服务。图书馆的每一位用户在兴趣、爱好、价值观等方面均有各自的差异,这些差异一旦形成是很难改变的,图书馆要想根据读者需求提供服务,就必须了解这些差异,选择与之个性相适应的各种服务方式,才能满足用户的个性化需求。

3. 服务内容的个性化

现代图书馆的用户完全可以实现根据自己的需求选择所需要的服务内容。也就是说,服务内容不再是千篇一律,而是可以"量身定制",按需所取。因此,图书馆开展个性化信息服务模式,在满足图书馆用户多样化需求的同时,也全面提升了图书馆的用户服务质量。不得不说,现代高校图书馆的个性化服务为图书馆的生存与发展带来了新的契机。

(二)现代图书馆个性化信息服务的基本模式

1. 信息推送服务

信息推送是现代信息技术下的一种新型信息资源服务形式,就是网络公司通过一定的技术标准或协议,搜索网上的信息源或通过信息制作商来获得信息,然后通过某渠道向有相关需求的用户发送类似信息,是这些年出现在信息咨询领域的新型信息传播系统。信息推送服务充分体现了信息服务的主动性,因为它可以实现用户一次输入请求,便可以经常性地接收到最新的相关和类似信息。现代图书馆可以充分借助信息推送服务的这一特点和功能,定期或不定期地向用户提供新的相关信息,还可以实现定期跟踪服务。

2. "我的图书馆"服务模式

这是一个集中体现各类定制服务的可操作性平台服务系统。将用户的个性化需求定制、资源定制、界面定制等集中于一个统一的系统,比如"我的图书馆""我的用户"等等。这些服务系统可能名称会有所不同,但都是根据用户的个人兴趣、爱好和需求来组织馆藏资源和网络资源的个性化服务平台。这个系统可以根据用户的定制信息资源内容、显示格式、检索机制乃至服务类型等,在用户的个性化主页上显示与之相应的页面布局、服务类型、资源内容,而且可以按照用户定制需求进行定期自动检索,并将结果反馈给用户。

3. 垂直信息服务

随着信息技术的普及,图书馆的管理和服务模式也有了很大改善,但目前来看,大部分图书馆仍以定期服务、回溯检索、代查代译、专题咨询等为主要服务项目。这些服务只能为用户提供一般性需求,无法解决一些根本性的或涉及高技术的信息需求。今天的图书馆用户深受社会经济和信息环境发展的影响,其对图书馆信息服务的要求趋向精品化、高技术、时代性和创新性等。因此,针对图书馆服务用户潜在的深层次的需求,图书馆必须积极采取主动性的、交互性的垂直信息服务。

4. 网络智能知识服务

网络智能知识服务系统诞生于现代新型网络环境下,它主要是基于知识本身的特点,采用人工智能信息处理技术,通过相应的资源采集、加工、存储和服务等方案为用户提供服务的综合系统。

目前,人们主要是通过用户检索行为的特点,设计相应的智能检索软件来实现该服务。一个便捷、高效的检索系统应该能够满足用户反复不断地调整他们的检索策略的需求。由此,图书馆工作者未来努力的一个新方向就是在用户提问修改过程中提供智能帮助,使用户能够快速进入搜索系统的数据资源主题领域及内容范围。

可以看出,图书馆的个性化信息服务模式并不是单独、孤立的系统运作形式,而是多种模式相互配合的。在实际运用中,高校图书馆可以根据自身的技术条件、服务手段和管理机制及馆员的文化素质和知识结构等,选择适合本馆的几种模式组合使用。希望未来会有更多的图书馆加入个性化信息服务中来,以促进高校图书馆个性化信息服务的不断发展。

(三)现代图书馆开展个性化信息服务模式应注意的问题

1. 高素质的图书馆人才队伍是开展个性化信息服务的关键

图书馆网络化信息服务已日益普及,信息用户的数量和规模也在不断壮大。但在这些用户中,能真正正确、高效、健康地利用网络查找有用信息的并不多,他们需要进行相关的专业培训。这就对图书管理人员的素质提出了新要求,他们应该根据不同用户群的特点,采取传统与网络教学相结合的方式,让用户灵活掌握使用传统图书馆和数字图书馆的方法,指导他们如何检索专题文献,如何进行网上信息交流等。

个性化信息服务拥有针对性强、灵活性大、小型化和系统化等特征,这就要求馆内工作人员要具有较高的专业素质,不仅需要具备多学科的基础知识,还要熟悉专业学科及相关学科的知识,更要掌握一定的信息、网络、数据库、检索系统等应用技术,而且还要拥有强烈的信息意识,这样才能为提供高水平的个性化服务提供保障。

2. 知识产权与隐私保护

第一,由于虚拟图书的信息资源基本来源于网络,其版权无法追根溯源,那么在提供给用户时,很有可能存在一系列版权纠纷隐患。

所以,图书馆必须提高版权意识,避免出现侵权问题;第二,我们知道,开展个性化服务首先就要了解用户的个人信息,这就不可避免地关系到用户的隐私问题。

以上两点都对个性化服务系统提出了技术性的要求,那就是必须使用安全认证技术保证个性化服务的安全性。因此,图书馆一方面要做好用户的思想工作,排除其顾虑,鼓励用户积极提供个人信息;另一方面可以博纳多方意见,采用先进的信息保护技术制定出行之有效的用户隐私保护策略,从而保障个性化信息服务系统的正常运行。

3. 交叉服务与资源共享

随着互联网的发展,网络上的图书馆和用户越来越多,这就必然会产生单个用户与多个图书馆或某个图书馆与众多用户之间的交叉重叠服务现象。因此,应该想办法将不同的图书馆系统中的用户整合在同一个可以实现充分共享的系统中,方便系统根据用户需求对信息进行判断与分流,从而实现具有个性化的服务模式。

三、网络环境下的图书馆个性化信息服务

网络环境下的图书馆个性化信息服务主要是基于网络等信息技术手段满足用户不同的信息需求的一种服务模式。在这个网络早已覆盖各行各业的新时代,高校图书馆也必须顺应时代潮流,利用网络技术和网络环境的支持开展个性化信息服务,不断提升高校图书馆的服务水平。

(一)高校图书馆个性化信息服务的现状分析

1. 信息资源建设方面

信息资源建设是实现个性化信息服务的基本前提。目前,高校

图书馆的各项业务虽已逐渐步入网络化进程,但信息服务的内容和形式并未全面实现网络化,甚至有的图书馆网络化仅仅停留在书刊检索、网上阅览等,即使有的主页上存在读者想要咨询的内容,但也不够详尽和完善。这种所谓的网络化信息服务不过是把原来非网络环境下的信息直接"移植"到网络上而已,并未实现将整个网络资源置于图书馆搜索范围内,这一方面是馆方缺乏对网络资源的重视;另一方面是缺乏将网络信息资源和图书馆的文献资源库结合起来实践探索。

2. 网络技术方面

成熟的网络技术为图书馆个性化信息服务的顺利开展提供技术支持。目前支持个性化信息服务的基本技术已逐渐成熟;信息检索和过滤技术仍在完善中;还有一些高技术含量的如综合集成方法、系统辨识方法等还不成熟;信息融合、建模、知识表达、深挖,智能推拉等技术也尚未普及。可以说,这些尚不完善的技术制约着个性化信息服务的开展,高校图书馆应加强对这些技术的研发。

3. 服务与管理方面

我们常说,观念决定行为。图书馆的服务观念决定了其开展信息服务的方式和方法。我们知道,传统的高校图书馆信息服务基本围绕文献展开,包括文献的收集、整理、保存和传播,但几乎都是普遍性的"一锅端"服务,忽略了用户的个性化需求。而今天在网络环境的作用下,高校图书馆服务应一改往日的共性化服务,重点开发个性化信息资源,这会吸引更多有着个性化需要的用户去积极获取和利用图书馆的特色资源和服务。

图书馆的管理主要涉及两方面内容,分别是管理观念和管理机制。首先,在管理观念上,现实中,很多高校图书馆在发展网络环境下的图书馆服务定位时,部分管理者可能更倾向于是否符合学校要求,是否完全遵照上级指示,经费是否超标,以及设备、馆舍、藏书、阅读量的情况等,追根究底还是"以图书馆为中心",而不是以"用户为中心"。其次,在管理机制方面,尚未形成统一、科学的执行标准;也没有一套行之有效的评价标准,不能客观衡量网络环境下信息服务的具体情况;更没有较为成熟的激励机制,缺乏积极探索提高服务质量、深化服务内容的个性化信息服务形式的热情。

4. 信息用户方面

我们知道,高校图书馆的信息用户主要是教师和大学生、研究生,他们相较于社会上的大众用户具有较高的学历和学术水平,那么其对信息服务的要求层次也就相对较高,他们所需要的信息服务一般是某一学科或某一领域最新、最前沿的,经过再构筑、再组合的信息,其信息需求已经呈现多元化、综合化以及社会化的趋势。因此,目前来看,广泛、大量、高层次的个性化信息服务成为高校图书馆信息资源的主流。

5. 用户隐私安全方面

前面我们已经说过,在开展个性化信息服务的过程中,难免涉及用户个人信息及隐私权的保护问题。有些用户可能顾虑自己的隐私泄露或者安全隐患,一方面希望得到个性化信息服务,而另一方面又不愿意提供较为详尽的个人信息。针对此种情况,高校图书馆应该在尊重用户隐私的原则下,以诚动人,使用户真正相信自己的隐私不会有安全隐患,放下芥蒂,彼此在安全规范允许下达成默契的诚信关系。

(二)网络环境下高校图书馆开展个性化信息服务的策略

1. 树立"以馆员为中心"的现代图书馆管理理念

现代图书馆更趋向于一种偏人性化和个性化的知识服务,主要是以知识选取与存储、知识重组与再生产为重点内容。基于此种服务的图书馆管理也更强调以人为本,以往图书馆的以"人"为本,主要是指以用户为主,其实,这里的"人"还包括服务主体——图书馆的工作人员。事实证明,图书馆的一切工作,都受馆员的个人能力和素质的影响,即使是同类工作,不同的馆员做,也会产生不同的工作效果。今天的图书馆早已不同往日,今天的馆员也应该与时俱进,在实现图书馆的功能的过程中应当逐渐担任主角。

个性化信息服务要求图书馆工作人员不仅仅是信息的提供者、管理者,更要充当起顾问、专家的角色。图书馆员既要精通图书情报知识,还要熟练掌握现代信息、网络、多媒体等技术,服务范围不再局限于传统的单一化文献服务,而是转向提供多元化的知识单元服务。因此,高校图书馆的个性化信息服务需要一支高素质、高水平、协调性强的服务团队做后盾。高校图书馆应积极建设一支专业化的服务团队。可以建立专家知识库,提供专家咨询服务,达到信息资源共享;还要注重引进与培养相结合,在引进紧缺人才的同时,抓紧对在职人员进行专业化培训;更要注重人才梯队建设,不可出现断层,保障人才的可持续发展。

2. 树立"以用户为中心"的现代图书馆服务理念

图书馆存在和发展的根本意义是满足人们对知识的渴望、对信息的需求,因此,图书馆的服务宗旨就是"以人为本、用户至上"。现代信息技术的发展、网络的普及,不仅极大地丰富了图书馆的文献资源,也突破了图书馆的物理界限,实现了图书馆的时时在线服务,满足了用户对信息资源的各种需求。

现代图书馆在进行知识服务的过程中,信息用户、信息资源和信息技术不再是割裂状态,而是将三者充分结合。一是采用现代信息技术不断丰富信息资源,二是针对用户结构、需求层次和满足程度,通过信息技术收集用户数据,建立用户信息反馈渠道和评测指标,以客观、真实地反映和评价图书馆服务的效果和作用,从而有针对性地调整服务对策。我们一定要明白,图书馆的知识服务效果并不是取决于图书馆是否提供了信息和提供信息的多少,而是通过图书馆的服务是否解决了用户的问题。

3. 积极引导用户需求,保护用户隐私安全

(1)积极引导用户需求

用户需求是图书馆服务工作开展的方向,简言之,用户需要什么,图书馆就应该提供什么。目前来看,高校图书馆普遍存在用户个性化需求能力较弱和个性化信息质量不高的问题。

首先,对于提高用户个性化需求方面,图书馆可以适当采取干预措施,比如向用户及时介绍最新的知识、技术、信息资源、检索工具等,提高信息用户的信息素养和获得信息的综合能力。其次,在提高图书馆的个性化信息服务质量方面,图书馆应该过多考虑用户的信息反馈和需求变化。其实高校图书馆的信息质量问题主要集中在专业信息上。比如,高校的学术研究型用户对最新的专题信息和学术动态比较敏感,迫切需要图书馆主动为其提供这方面的信息。因此,图书馆应努力研究用户的专业性需求,力争提供新鲜、高效、科技含量高、利用价值广的专业信息。

(2)保护用户隐私安全

关于高校图书馆在积极开展个性化信息服务时,存在着用户隐私安全隐患,我们不再赘述,这里我们重点强调如何做好用户隐私保护工作。一是从国家层面来看,要加强立法保障制度,尤其是在网络环境下使得隐私权的保护有法可依。二是从用户角度来看,用户自身要树立起较强的个人隐私保护意识。三是从图书馆层面来说,应该多与用户沟通,了解每一类用户的隐私侵犯底线,还要公布隐私声明,共同签订隐私遵守协议,从技术保障上提升,加强隐私泄露防范措施。

第四节 图书馆人才队伍的建设与发展

一、21世纪的图书馆工作需要一支高素质的专业队伍

随着现代信息社会的到来,今天的图书馆将不再是信息资源的"垄断者"。借助网络环境,广大用户可以拥有众多信息渠道,能够直接获取丰富的信息资源,网络上随处可见来自任何一个单位或个人的信息资源,他们正与传统的图书馆等信息单位争夺信息资源与信息用户。

因此,21世纪的图书馆必须加速自动化、网络化建设,开展多方面、深层次的网上信息服务,才能紧跟时代潮流,不被高科技背景下的现代信息资源所湮没。那么,具体对图书管理人员的要求就是要能够承担起信息导航员的角色,帮助读者在网上迅速查找到所需要的信息。这就要求图书馆工作人员除了要具备基本的文献学知识外,还要能够熟练操作计算机,掌握多媒体等必要的现代网络技术;除此之外,加之网上信息的繁杂和信息资源的全球化,图书馆工作人员还要掌握广博的知识和基本的外语能力。

二、图书馆专业人才队伍的现状不利于图书馆事业的发展

(一)人才队伍不稳定,干扰着图书馆事业的发展

21世纪,各行各业都凸显出人才的重要性,图书馆也不例外,急需一支稳定的、高素质的专业队伍来提高图书馆的管理和服务工作。

但事实上,在过去相当长的时间内,图书馆的工作人员对自己的本职工作并未投入十足的热情,很多人会选择调岗或者转行。可以说,专业人才队伍的缺失一直困扰着图书馆事业的健康、持续发展。

究其缘由,无外乎以下几种原因。一是管理机制落后,不够与时俱进。职称评定论资排辈,考核聘任流于形式,这严重挫败了青年管理者的热情和积极性,相当一部分德才兼备的工作人员得不到应有的发展。二是物质待遇低。我们知道,服务领域的薪资待遇相对较低,图书馆工作作为服务性工作无法为馆员提供丰厚的物质待遇,这使得部分工作人员产生不平衡心理。三是不良价值观的影响,拜金主义、享乐主义等低级思潮严重侵蚀着部分馆员的精神世界和思想领域,摧毁了他们的服务观念和敬业精神。

(二)人才队伍结构不合理,高素质的专业人才缺乏

1. 知识层次结构偏低,难以胜任21世纪图书馆的工作

目前我国高校图书馆工作人员的年龄特征呈现出大部分人年龄偏大、中青年工作人员占比偏低的现象。这就注定了更多的人还停留在传统的管理与服务层面,他们知识面较窄且不够深,尤其是在现代信息技术、网络应用及外语等方面更是欠缺,不仅基础不扎实,再学习能力也不高,难以应对21世纪图书情报信息技术的挑战。

2. 专业技术职务的结构比例不协调

图书馆专业技术职务的结构比例不协调,概括来说就是高级职称严重缺乏,中级职称也明显不够,而初级职称占比太大,没有专业的高端人才做保障,不可能进行深层次的文献信息开发服务,因此高素质、高学历、高职称的人才短缺现象一直制约着高校图书馆的健康发展。

三、重视人才建设,制订人才发展规划

(一)深入开展思想教育工作,坚定服务观念

图书馆承担着人类社会精神文明建设的重任,继承和发扬着优秀的文化遗产,肩负着社会教育和传递科学情报的崇高使命。图书馆工作人员必须从思想上意识到自身的重大责任,树立强烈的事业心,一心一意为读者服务,才能从根本上改变图书馆人才队伍缺失的现状,从而实现图书馆事业的世代繁荣。因此,图书馆应坚持开展思想政治工作和职业道德教育,并不失时机地宣传爱岗敬业精神,赋予图书管理工作者崇高的职业荣誉感,使他们感受到自身工作的重要意义,并坚定不移地投入到图书馆事业中去。

此外,在信息化时代的影响下,图书馆的领导者要审时度势,时刻洞察市场最前沿的需求,充分利用现代科技手段,开拓新的服务领域,在满足社会信息需求的同时,尽量创造条件实现部分有偿服务。这一方面为用户提供了更多符合时代特征和发展趋势的信息,提高了图书馆的知名度和社会地位;另一方面也实现了互惠互利,解决了资金链问题,使图书馆的工作环境和馆员待遇都得到了明显改善。

(二)建立健全管理机制,营造一个有利于人才成长的工作环境

1. 确立以人为中心的管理观念,强化科学管理和民主管理

人才资源是图书馆最基本,也是最重要的资源。我们应该看到,虽然现在的人才队伍不够理想,但在现代图书馆工作人员中仍有相当一部分人有着强烈的事业心和上进心,他们不盲从、不轻信、有独道见解,希望自己在事业上有所作为。管理者应抓住这一特点,积极

为他们创造实现自我成长与突破的平台和机会。比如,根据员工的个人才能,有效地活用每个人的长处,鼓励有管理优势的员工参与图书馆的管理工作,协调员工之间的关系,增强他们的单位归属感,培养集体观念。

2. 建立科学的管理机制

管理机制的科学、合理决定着人才资源的良性发展。所以说,图书馆要想充分发挥人才资源的作用,就应适时引进相应的竞争机制、激励机制等,制定合理的人才选拔制度,择优任用。还要有一定的奖惩制度,对员工进行业绩考核后,不能得过且过,而要奖罚分明,才能真正提升员工的积极性,为以后的工作提供保障。

3. 创造继续教育的机会,提高馆员的业务素质

信息时代,各类新知识、新技术日新月异,而我们每个人受教育的时间都是有限的,学到的知识再多再广也跟不上时代的发展。因此,社会上各行各业都要不间断地对在职人员进行继续教育,这是保证员工综合素质的基本方式。图书馆工作人员也必须坚持不断学习,接受继续教育、终身教育,才能不被时代淘汰。

一是在职攻读学位。这是一种相对系统的、正规的教育方式,也是我国大部分图书馆对其工作人员进行继续教育的主要选择。对于参加继续教育的人选,首先应考虑那些热爱图书馆事业、业务能力强的馆员,通过几年时间的系统学习和技能培养,争取成为新型管理人才和学科带头人的后备力量。

二是短期培训。这种继续教育的方式主要是为了在短时间内习得最新的一项技术、理论、方法等。这也是满足现代化图书馆不断推进自动化进程的需要之举。如今的馆员必须是综合性、一专多能的人才,图书馆可通过经常开办各种类型的短期培训班、专题研讨班以及开展岗位资格证书培训等途径来提升馆员的专业知识和技能。

三是鼓励自学。人一生所需的知识除了在学校和课本上获取以

外,其实大部分更具实用性的知识都是在工作实践中习得和积累的。图书馆本身就是一个知识的海洋,非常利于自学,馆内工作人员应该抓住机会,根据自身现有知识结构和工作需要,不断拓展自己的知识面,提高工作技能,实现自我提高和不断完善。

四是开阔眼界。图书馆工作人员要想提升自己的思想境界,不能仅仅局限于本馆、本校的业务范围,应该多与行业专家接触,进行面对面交流,找到自己的不足,寻求提升的方向;图书馆还要给予足够的支持力度,鼓励馆员参加国内外图书情报领域的学术交流活动,以及对口专业参观、考察活动等,以不断开阔馆员的视野,只有"走出去",才能"引进来",进而"学到手"。

参考文献

[1]曹磊,陈灿,郭勤贵,等.互联网+:跨界与融合[M].北京:机械工业出版社,2015.

[2]陈爱民.互联网+——人人都能看懂的互联网+转型攻略[M].北京:北京工业大学出版社,2015.

[3]陈建英,黄演红.互联网+大数据:精准营销的利器[M].北京:人民邮电出版社,2015.

[4]韩彬.广州地区普通高校图书馆信息服务管理创新研究[D].华南理工大学,2011.

[5]黄海涛.互联网思维盈利模式[M].北京:人民邮电出版社,2014.

[6]黄晓东.高校图书馆资料信息化管理与大学生文化素养的提高探讨[J].电脑知识与技术,2018,14(16):164-165+168.

[7]柯平,陈信,宋家梅,亢琦.2013年国外图书馆学研究前沿与热点分析[J].图书情报知识,2014(5):17-29.

[8]李东燕,董文域.互联网环境下图书馆信息化管理[J].智库时代,2018(43):102-103.

[9]李湘穗.数据挖掘技术在图书馆管理信息系统中的应用[D].吉林大学,2014.

[10]李永钢.图书馆管理与阅读服务创新[M].北京:中国纺织出版社,2017.

[11] 彭万霞. 档案管理的问题及优化[J]. 信息记录材料, 2019,20(2):132-133.

[12] 钱晓红. 高校科研管理部门与图书馆协同开展科研信息服务[J]. 大学图书馆学报,2014(3):91-96.

[13] 丘东江. 图书馆学情报学大辞典[M]. 北京:海洋出版社,2013.

[14] 沈思,李成名,吴鹏. 基于时态语义的 Web 信息检索实践进展与研究综述[J]. 中国图书馆学报,2018,44(4):109-129.

[15] 史美静,解金兰. 数字图书馆移动视觉搜索平台的框架与功能研究[J]. 图书馆工作与研究,2018(02):42-47.

[16] 宋康. 面向知识服务的图书馆管理信息系统的设计与实现[D]. 电子科技大学,2015.

[17] 孙璐,陈秀丽,刘建巍. 高校图书情报与档案信息管理[M]. 北京:光明日报出版社,2016.

[18] 王靖. 图书馆服务创新评价体系的构建[J]. 图书馆学刊, 2014(3):79-80.

[19] 王磊,周冀. 无边界——互联网+教育[M]. 北京中信出版集团,2015.

[20] 王旭亮. 一本读懂互联网思维[M]. 北京:人民邮电出版社,2015.

[21] 王怡. 图书馆业务流程再造优化研究[D]. 山东大学,2013.

[22] 王震宇,王宁. 大数据时代图书馆馆藏数字资源整合与存储策略分析[D]. 中国中医药图书情报杂志,2017,41(03):35-38.

[23] 王智. 移动网络环境下高校图书馆参考咨询服务模式探究——以辽宁大学图书馆为例[J],图书情报导刊,2018,3(04):20-25.

[24] 韦得胜,周琳,李小勇,等. 客户满意度影响下图书馆信息化管理探讨[J]. 韶关学院学报,2015,36(11):177-180.

[25] 徐昊,马斌. 时代的变换:互联网构建新世界[M]. 北京:机械工业出版社,2014.

[26] 徐军华. 高校图书馆业务流程重组的模式研究[D]. 武汉大学,2012.

[27] 杨贺晴. 图书馆事业研究:从概念到原理[D]. 东北师范大学硕士学位论文,2015.

[28] 游丽华. 图书馆信息资源建设[M]. 北京:中国社会科学出版社,2008.

[29] 于瑛主. 现代图书馆管理体系研究[M]. 哈尔滨:东北林业大学出版社,2016.

[30] 曾瑛. 以用户需求为导向的高校图书馆管理策略研究[D]. 西华师范大学,2015.

[31] 张新兴. 公共图书馆服务体系的信息资源建设模式研究[D]. 武汉大学,2012.

[32] 郑幸子. 高校图书馆管理与服务创新[M]. 长春:吉林大学出版社,2018.

[33] 周海英. 高校图书馆信息检索服务的管理创新[J]. 黑龙江科学,2018,9(17):146-147.

[34] 周华军. 探索新时代公共图书馆发展新思路[J]. 南方论刊,2014(3):89-91.

[35] 朱娜. 互联网时代的图书管理信息化建设[J]. 黑龙江科学,2018,9(07):162-164.